Русский язык

배우기 쉬운 러시아어

김영식 · 에카테리나 쁘렐로브스카야 지음

저자소개

김영식

강릉원주대학교 국제통상학과 교수

러시아 상-뻬쩨르부르그대학교 경제학부졸업, 경제학박사

러시아 상-뻬쩨르부르그 재정경제대학교 국제경제관계학과 졸업, 경제학석사

고려대학교 졸업

에카테리나 쁘렐로브스가야

강릉원주대학교 의료관광사업단 초빙교수

극동기술대학교 사회학부, 조교수

극동기술대학교 사회학부, 사회학박사수료

극동대학교 외국어언어학부, 언어학석사

극동기술수산대학교 사회학부 졸업

Русский язык 배우기 쉬운 러시아어

초판 인쇄 : 2012년 5월 25일
초판 발행 : 2012년 5월 30일
저   자 : 김영식 · 에카테리나 쁘렐로브스가야
디 자 인 : 디자인콩
발 행 인 : 서 덕 일
발 행 처 : 도서출판 문예림
등   록 : 1962. 7. 12   제2-110호
주   소 : 서울특별시 광진구 군자동 1-13 문예하우스 101호
전   화 : (02)499-1281~2
팩   스 : (02)499-1283
http://www.bookmoon.co.kr, www.ebs.co.kr
E-mail : book1281@hanmail.net

ISBN 978-89-7482-643-7(13790)
＊잘못된 책이나 파본은 교환해 드립니다.
＊이 교재에 대한 저작권은 문예림에 있습니다.
  서면에 의한 저작권자의 허락없이 교재 내용을 부분을 이용하거나 복제하는 것을 금합니다.

머리말

나는 1991년 여름 러시아 상-뻬쩨르부르그로 어학연수를 떠났다. 페레스트로이카가 진행 중이던 러시아는 정치적, 경제적, 사회적으로 안정되지 못했으며, 모든 것이 불안정했다. 그렇게 해서 시작된 나의 유학생활은 나의 인생을 바꿔놓기에 충분했다.

처음 도착했을 때의 공항에서의 느낌은 찌든 치즈냄새에 험상 궂은 군인아저씨들에 대한 첫인상, 그와는 반대로 정말로 아름다운 러시아 여인들, 이 모든 것 들과 함께 나의 유학생활은 시작되었다.

더구나 러시아어 알파벳 '아'도 모르고 떠났던 나의 유학생활은 초창기 러시아어를 배우는 것이 힘들어 유학을 포기하려 생각했지만, 최효숙(병훈엄마)과 병훈이의 도움으로 무사히 유학생활을 마칠 수 있었다. 이 지면을 통해 이들에게 감사의 인사를 전한다.

그리고 러시아어 교재를 함께 집필한 에카테리나교수, 원고를 수정해 준 정혜숙양에게도 감사의 뜻을 전한다.

본 교과서의 특징은 러시아어 단어들에 강세를 표시하여 발음을 정확하게 할 수 있도록 했으며, 연습문제를 통해 회화와 문법의 이해도를 높였다.

그리고 본 교과서는 강원도의 의료관광 선도사업으로 추진된 강릉원주대학교 "치과의료관광인재양성사업단"의 후원으로 만들어 졌다.

2012년 5월
김영식

СОДЕРЖАНИЕ

УРОКИ 1, 2. У́ЧИМСЯ ЧИТА́ТЬ И ПИСА́ТЬ ПО-РУ́ССКИ. — 20

УРО́К 3. РАД С ВА́МИ ПОЗНАКО́МИТЬСЯ. — 45

УРО́К 4. И́МЯ, ФАМИ́ЛИЯ, О́ТЧЕСТВО. — 57

УРО́К 5. ЧТО Э́ТО? — Э́ТО О́ФИС. — 71

УРО́К 6. Э́ТО ДАЛЕКО́? – НЕТ, Э́ТО НЕ ДАЛЕКО́? — 92

УРО́К 7. Э́ТО МАРИ́Я. ОНА́ РОССИЯ́НКА. — 101

УРО́К 8. Э́ТО ЕГО́ ФИ́РМА. — 113

УРО́К 9. ПРОФЕ́ССИИ В МЕДИЦИ́НЕ. — 131

КТО ОН? – ОН ВРАЧ. ОН ТЕРАПЕ́ВТ.

КТО ОНА́? – ОНА́ МЕДСЕСТРА́.

УРО́К 10. ВЫ ГОВОРИ́ТЕ ПО-РУ́ССКИ? — 147

УРО́К 11. ЧТО ВЫ ОБЫ́ЧНО ДЕ́ЛАЕТЕ У́ТРОМ? — 165

– У́ТРОМ Я РАБО́ТАЮ.

УРО́К 12. МЫ ИЗУЧА́ЕМ РУ́ССКИЙ ЯЗЫ́К В КОРЕ́Е И В РОССИ́И. — 177

УРО́К 13. ГДЕ ВЫ ИЗУЧА́ЛИ РУ́ССКИЙ ЯЗЫ́К? — 194

- МЫ ИЗУЧА́ЛИ РУ́ССКИЙ ЯЗЫ́К В МОСКВЕ́?

УРО́К 14. ЗА́ВТРА У ХАРИ́М ДЕНЬ РОЖДЕ́НИЯ! — 205

УРО́К 15. СКАЖИ́ТЕ, ПОЖА́ЛУЙСТА, СКО́ЛЬКО СТО́ИТ Э́ТОТ КОСТЮ́М. — 223

УРО́К 16. КАК ВЫ СЕБЯ́ ЧУ́ВСТВУЕТЕ? — 236

УРО́К 17. ПОГОВОРИ́М О СТОМАТОЛО́ГИИ. — 257

СЛОВА́РЬ. СЕМА́НТИКО – ТЕМАТИ́ЧЕСКИЕ ГРУ́ППЫ.

Русский язык

Русский язык в мире

Русский язык - один из крупнейших языков мира

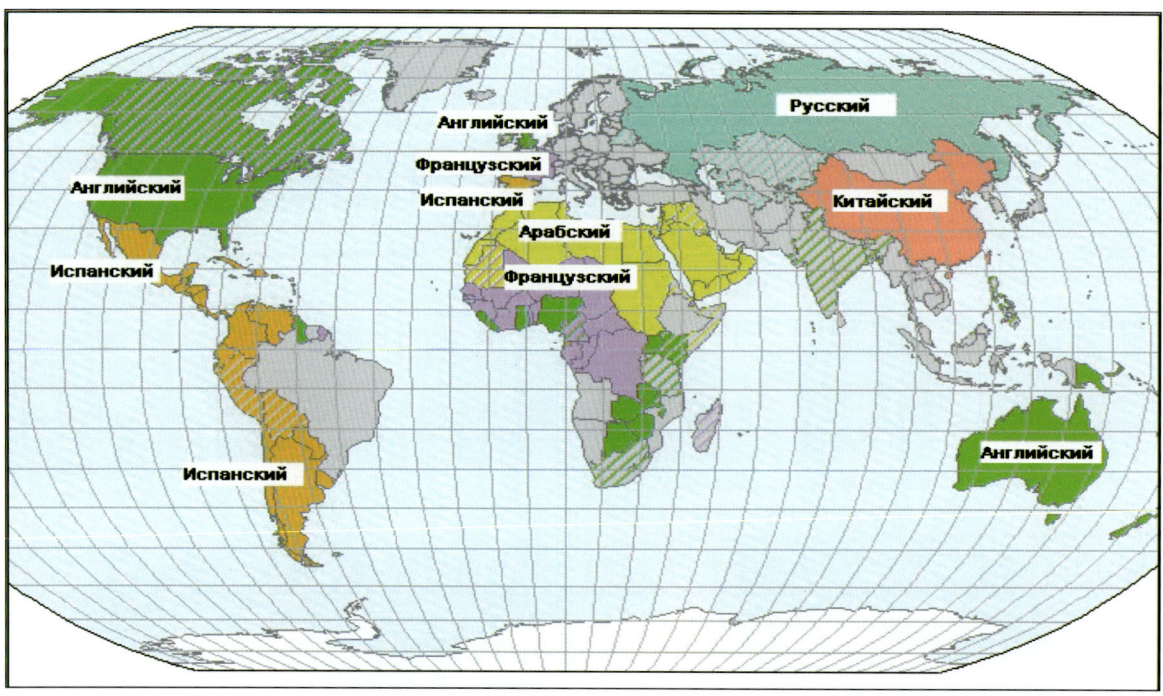

Русский язык — государственный язык России.

Русский язык является международным языком. Русский язык является одним из 6 официальных языков ООН. Официальными языками ООН являются: английский, арабский, испанский, китайский, русский, французский.

На русском языке говорят в странах Восточной Европы, в республиках бывшего Советского Союза. В таких государствах как Монголия, Китайская Народная Республика.

Русский язык является родным для 170 миллионов человек. Как второй язык для 114 миллионов человек индоевропейской языковой системы.

Русский язык — один из широко изучаемых языков мира: его изучают более чем в 100 странах.

Изучение русского языка в Республике Корея насчитывает многолетнюю историю. Первая кафедра русского языка была создана еще в 1954 году на базе Университета иностранных языков "Хангук" в Сеуле.

Интерес к изучению русского языка связан с двадцатилетием установления дипломатических отношений между Россией и Республикой Корея.

세계 속에서의 러시아어

세계에서 러시아 언어

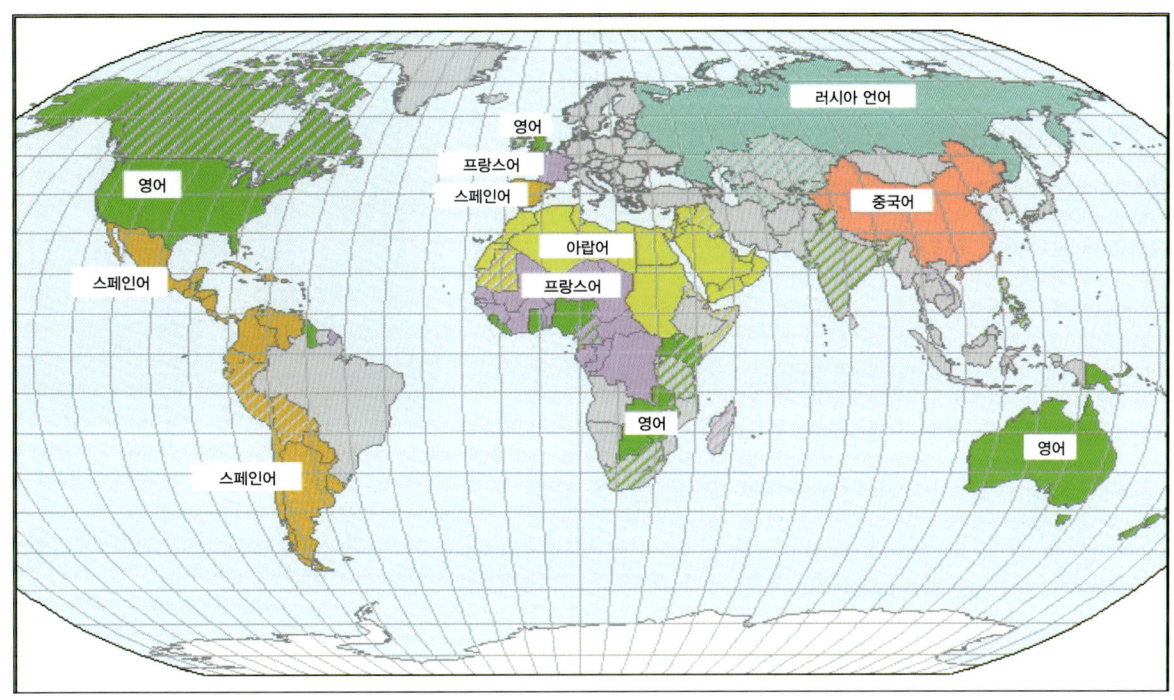

러시아어 – 세계의 주요 언어 중 하나인 러시아어는 러시아의 공식 언어이며, 국제언어이다.

러시아어는 영어, 아랍어, 스페인어, 중국어, 프랑스어와 함께 유엔의 공식 언어로 사용되고 있다.

러시아어를 표준 공용어로 쓰는 나라는 러시아를 포함하여 우크라이나, 벨라루스, 몰도바의 트란스니스트리아, 카자흐스탄, 키르기스스탄, 우즈베키스탄 등 옛 소련 국가들과 동구권에 있는 몇몇 나라들이 제2외국어로 사용하고 있다.

한국에서도 러시아어에 대한 연구는 이미 오래전부터 이루어져 왔으며, 고려대학교와 한국외국어대학교가 그 역사가 제일 깊다고 할수 있다.

그리고 러시아어에 대한 관심은 1992년 사회주의 붕괴와 더불어 에너지자원 확보 및 전략적 진출을 목적으로 시작되었다고 할 수 있다. 특히 한러 외교관계 수립 20주년을 계기로 한국과 러시아와의 관계는 더욱 공고해졌다고 할 수 있다.

В русском языке используется письменность на основе русского алфавита, восходящего к кириллическому алфавиту (кириллице).

КИРИЛЛИЦА   키릴 문자

Святые Кирилл и Мефодий — славянские первоучители, просветители и проповедники христианства. Ими заложены основы славянской письменности и литературы.

러시아 문자는 키릴문자에서 나왔으며, 키릴문자는 동방정교회의 선교사였던 성 키릴루스(키릴)와 성 메토디우스(메포지) 형제가 슬라브족을 포교하기 위해 그리스 문자를 바탕으로 고안한 것이 기원이라고 할 수 있다.

Тип: Фонетические символы	유형은 음소 문자
Период использования	사용 시기
940 лет ранней кириллицы	초기 키릴 문자는 940년
Символы кириллицы были просты, просты в использовании и ближе к греческим. В X—XI веках кириллица состояла из 43 букв: 25 были заимствованы из греческого алфавита	키릴 문자는 간단하고, 사용하기 쉬웠으며 그리스 문자에 가까웠다. X-XI 세기 키릴 문자는 43개의 알파벳으로 구성되었으며, 그리스 알파벳으로부터 25개의 알파벳을 선택하였다.
Это часть букв кириллицы	이것이 초기 키릴 문자이다.

Буквы	Название (кириллица)	Название (МФА)	Звук МФА	Буквы	Название (кириллица)	Название (МФА)	Звук МФА
А	азъ	[azʊ]	[a]	Г	глаголи	[glagoli]	[g]
Б	бокы	[bukɨ]	[b]	Д	добро	[dobro]	[d]
В	бѣкы	[vædæ]	[v]	ѵ	ижица	[iʒit͡ɕa]	[ɪ], [y]

■ Тема 1. У́чимся говори́ть по-русски

> Вы познакомитесь с русским алфавитом; узнаете как называются и как звучат буквы русского алфавита, гласные и согласные звуки; что такое ударение; каковы правила русского произношения.

1.1 Зву́ки речи

Звуки речи – это звуки, из которых состоят слова.

Раздел науки, в котором изучаются звуки речи, называется **фонетикой** (от греческого «fone» – звук).

С фонетикой тесно связана орфоэпия – наука, занимающаяся изучением нормативного литературного произношения (от греческого «orthos» – правильный и «epos» – слово, речь). Орфоэпическим нормам подчиняются произношение звуков речи, постановка ударения и др.

1.2 Фонети́ческая транскри́пция

Так как между звуками и буквами часто отсутствует однозначное соответствие, для записи произношения слов применяется звуковое письмо, называемое фонетической транскрипцией.

Фонетическая транскрипция – эта такая запись звучащей речи, при которой каждый отдельный звук обозначается своим специальным буквенным знаком.

Существует несколько алфавитов для записи фонетической транскрипции. Основной - Междунаро́дный фонети́ческий алфави́т (англ. International Phonetic Alphabet, IPA) — система знаков для записи транскрипции на основе латинского алфавита. Национальные алфавиты также используются для записи фонетической транскрипции, в том числе русский алфавит, корейский алфавит.

В данном пособии применяется наиболее распространенный в России алфавит, который используется в большинстве словарей и пособий по русскому языку.

1. Фонетическая транскрипция пишется в квадратных скобках [ ].
2. Для обозначения звуков используется русский алфавит.
3. Знак [’] – указывает на мягкий согласный.
4. Знаки [:] обозначают долгий согласный.

■ 주제 1. 러시아어로 이야기하는 학습

> 이 책에서는 러시아 알파벳을 쓰고, 읽고, 그리고 정확히 발음 할수 있도록 소리내는 방법에 대해 배우고, 자음과 모음의 배합과 강세에 따라 달라지는 소리의 형태에 대해 공부하고자 한다.

1.1 연설의 소리

음성 소리 – 단어를 이루는 소리.

연구 음성 소리는 음성학(– 소리 그리스《fone》에서)이라고 하는 과학적 견해 임.

정음법(phonics, 그리스어 orthos '올바른'에서 epos '연설')은 언어의 문자소와 대응되는 음소간의 관계에 따른 발음 중심 언어지도법이다.

음성학(phonetics)은 정음법과도 관계가 깊으며, 소리의 생산에 대한 연구를 나타낸다. 규범적인 발음은 과학적으로 orthoepic 표준에 따른 음성 사운드와 강세 등에 따른다.

1.2 음성 기호 (발음)

음성기호는 음성을 표기하는 기호다. 언어의 음성, 즉 말소리를 기록하는데 쓰이는 기호다. 음성기호는 말의 소리를 분명하고 정밀하게 나타내기 위해 사용된다.

국제 음성 기호(IPA;International Phonetic Alphabet)는 언어학에서 주로 사용되는 음성 기록 체계를 말한다. 현존하는 모든 언어의 소리를 독자적이고 정확하면서 표준적인 방법으로 표시하기 위해 이 기호 체계가 고안되었으며, 국제음성기호(영어 국제음성기호, IPA)는 기록을 위한 기호의 체계이며, 라틴 알파벳이 기초가 되었다. 모든 언어는(영어, 러시아어, 한국어 등) 자국언어로 기록할 수 있다.

다음 설명하는 것은 러시아어로 기록된 사전과 서적에서 사용되는 러시아 알파벳에 대한 가장 일반적인 설명이다.

1. 발음기호는 대괄호로 작성된 것. – [ ]
2. 소리기호는 러시아 알파벳을 사용할수 있다 :
3. 기호 ['] 는 부드러운 자음을 나타낸다.
4. 기호 [:]는 오랜 자음을 나타낸다.

1.3 Алфави́т   알파벳

	Бу́ква 활자체	Рукопи́сные 필기체	Звук фонети́ческий			Ру́сское назва́ние бу́квы		
			Rus	Korean	En	Rus	Korean	En
1.	А а	*А а*	[а]		[a]	а	아[*]	A
2.	Б б	*Б б*	[б]		[b]	бэ	베[*]	Be
3.	В в	*В в*	[в]		[v]	вэ	베[*]	Ve
4.	Г г	*Г г*	[г]		[g]	гэ	게[*]	Ge
5.	Д д	*Д д*	[д]		[d]	дэ	데[*]	De
6.	Е е	*Е е*	[йэ]		[je]	йэ	에 [*]	Ye
7.	Ё ё	*Ё ё*	[йо]		[jo]	йо	요[*]	Yo
8.	Ж ж	*Ж ж*	[ж]		[ʒ]	жэ	줴[*]	Zhe
9.	З з	*З з*	[з]		[z]	зэ	제[*]	Ze
10.	И и	*И и*	[и]		[i]	у	이[*]	I
11.	Й й	*Й й*	[й]		[j]	и	짧은 이[*]	
12.	К к	*К к*	[к]		[k]	ка	까[*]	Ka
13.	Л л	*Л л*	[л]		[l]	эл	엘[*]	El
14.	М м	*М м*	[м]		[m]	эм	엠[*]	Em
15.	Н н	*Н н*	[н]		[n]	эн	엔[*]	En
16.	О о	*О о*	[о]		[o]	о	오[*]	O
17.	П п	*П п*	[п]		[p]	пэ	뻬[*]	Pe
18.	Р р	*Р р*	[р]		[r]	эр	에르[*]	Er
19.	С с	*С с*	[с]		[s]	эс	에스[*]	Es
20.	Т т	*Т т*	[т]		[t]	тэ	떼[*]	Te
21.	У у	*У у*	[у]		[u]	у	우[*]	U
22.	Ф ф	*Ф ф*	[ф]		[f]	эф	에프[*]	Ef
23.	Х х	*Х х*	[х]		[x]	ха	하[*]	Kha
24.	Ц ц	*Ц ц*	[ц]		[ts]	цэ	쩨[*]	Tse
25.	Ч ч	*Ч ч*	[ч]		[tʃ]	че	체[*]	Che
26.	Ш ш	*Ш ш*	[ш]		[ʃ]	ша	샤[*]	Sha
27.	Щ щ	*Щ щ*	[щ]		[ʃt]	ща	샤[*]	Shcha
28.	ь ь	*ь ь*				Твёрдый знак	연음(軟音)	
29.	Ы ы	*Ы ы*	[ы]			ы	의 [*]	
30.	Ъ ъ	*Ъ ъ*				Мягкий знак		
31.	Э э	*Э э*	[э]		[e]	э	에[*]	E
32.	Ю ю	*Ю ю*	[йу]		[ju]	йу	유[*]	Yu
33.	Я я	*Я я*	[йа]		[ja]	йа	야[*]	Ya

1.4 Звуки речи и буквы   음성 사운드 및 알파벳

Все звуки русского языка делятся на 2 группы: гласные (모음) и согласные (자음).

В русском языке 33 буквы: 10 гласных (모음), 21 согласная (자음) и 2 знака.

Гласные (모음) 10 букв		Согласные (자음) 21 буква				Буквы-знаки: 2 буквы
Аа	Яя	Бб	Вв	Гг	Дд	
Оо	Ёё	Жж	Зз	Кк	Лл	ъ
Уу	Юю	Мм	Нн	Пп	Рр	
Ээ	Ее	Сс	Тт	Фф	Хх	
Ии		Цц	Чч	Шш	Щщ	ь
ы			Йй			

Я, Е, Ё, Ю – это буквы, а не звуки! Поэтому, они никогда не используются в транскрипции.

В фонетической системе русского языка 6 гласных звуков и 37 согласных звуков.	6개의 모음과 37개의 자음이 러시아어의 음성(소리)을 만든다.

1.4.1 Гла́сные зву́ки   모음 소리

Гласные звуки состоят из голоса. Эти звуки можно петь.

В фонетической системе русского языка 6 гласных звуков [а], [о], [у], [э], [и], [ы].

Все эти гласные, за исключением [ы], можно встретить в фонетической системе корейского языка.

Русский 러시아어	Корейский 한글	Английский 영어	Русский 러시아어	Корейский 한글	Английский 영어
Основные гласные (Простые)					
Аа [а]	아	[a]	Оо [о]	오	[o]
Уу [у]	우	[u]	Ээ [э]	에	[ə]
Ии [и]	이	[i]	Ыы [ы]	의	
Сложные гласные (Дифтонги)					
Ее [йэ]	에	[je]	Ёё [йо]	요	[jo]
Юю [йу]	유	[ju]	Яя [йа]	야	[ja]

➡ Выполните фонетические упражнения. Урок 1,2 Рабочая тетрадь, стр.7

Русский язык в мире

🔸 **Пойте, повторяйте, читайте**   반복해서 읽기

Аа	[а]	아	[a]	а – а - а	а – о - у	ао - оа	ау - уа	аэ - эа
Оо	[о]	오	[o]	о – о - о	о – у - а	оа - ао	оу - уо	оэ - эо
Уу	[у]	우	[u]	у – у - у	у - о - а	оа - оу	уо - оу	уа - ау
Ээ	[э]	에	[ə]	э – э - э	а – э	эо - эу	эи – иэ	аэ – эа
Ии	[и]	이	[i]	и – и - и	и – э	ио - иа	иэ – эи	иу - уи
Ыы	[ы]	의		ы – ы - ы	а – ы	у – ы	о – ы	и – ы
Ее	[йэ]	예	[je]	а – е - а	у – а - е	е – а - у	о - а - е	е – и - а
Ёё	[йо]	요	[jo]	а – е - а	у – а - е	е – а - у	о - а - е	е – и - а
Юю	[йу]	유	[ju]	а – ю - а	у – а – ю	ю – а – у	о – а – ю	ю – и – а
Яя	[йа]	야	[ja]	я – я - я	а – я -а	о – я - о	о – а - я	ю – я - а

Гласные могут выражать эмоции.   모음 소리는 인간의 감정을 표현할 수 있다.

Аааааооооооуууууу!!!!!   О!   О?   Ооо..

А как это будет по корейски?   그것은 한국어로 어떻게 말하나요?

13

Говорить по-русски!

В русском языке есть слово из одной буквы!

러시아어는 철자하나가 하나의 단어가 된다!

Это местоимение Я!

이것은 인칭대명사입니다.

Я

В русском языке есть слова только из гласных букв!

Возглас, предполагающий отклик.	**Ау! Ау!**	당신이 숲속에서 길을 잃으면
Песня Александра Розенбаума www.rozenbaum.ru/	**Ау!**	노래 제목 http://www.youtube.com

Ау!.. Днём и ночью счастье зову.

Ау!.. Заблудился в тёмном лесу я.

Ау!.. И ничего другого на ум.

Ау! Ау! Ау!..

Ау!.. 행복한 밤과 낮이 되고 싶어요

Ау!.. 난 어둠의 숲에서 길을 잃은 적이 있는데

Ау!.. 아무것도 생각나지 않았어요.

Ау! Ау! Ау!..

Плач ребенка	**Уа – уа!**	아기 울음

1.4.2 Согла́сные зву́ки   자음 소리

Согласные звуки делятся на **звонкие и глухие**. Звонкие состоят из шума и голоса, глухие только из шума.

Согласные звуки

Звонкие согласные   Глухие согласные

voiced consonants (유성음)   voiceless consonants (무성음)

Парные согласные (자음): Звонкие ⇔ Глухие			자음은 쌍을 형성			
Звонкие	Бб	Вв	Гг	Дд	Жж	Зз
유성음	[б] ㅂ [b]	[в] ㅂ [v]	[г] ㄱ [g]	[д] ㄷ [d]	[ж] ㅈ [ʒ]	[з] ㅈ [z]
Глухие	Пп	Фф	Кк	Тт	Шш	Сс
무성음	[п] ㅍ [p]	[ф] ㅍ [f]	[к] ㅋ [k]	[т] ㅌ [t]	[ш] 시 [?]	[с] ㅅ [s]

Непарные согласные (자음)					
Звонкие	Йй	Лл	Мм	Нн	Рр	
유성음	[й] 이 [j]	[л] ㄹ [l]	[м] ㅁ [m]	[н] ㄴ [n]	[р] ㄹ [r]	
Глухие	Хх	Цц	Чч	Щщ		
무성음	[х] ㅎ [h]	[ц] ㅊ [ts]	[ч] ㅊ [tʃ]	[щ] 시 [ʃt]		

Согласные звуки (자음 소리)

Твердые согласные   Мягкие согласные

hard consonants 경음(딱딱한 자음)   soft consonants 연음(부드러운 자음)

Внимание!   주목!

Перед гласными и, е, ё, ю, я произносится мягкий согласный звук [_']	모음 и, е, ё, ю, я 앞의 자음은 부드럽게 발음을 하게 되며,
Перед гласными а, о, у, ы, э произносится твердый согласный звук [_]	모음 а, о, у, ы, э 앞의 자음은 딱딱하게 발음을 한다.

Говорить по-русски!

Например:

МА	МЯ	МО	МЁ	МУ	МЮ	МЫ	МИ	МЭ	МЕ
[ма]	[м'я]	[м'о]	[м'ё]	[му]	[м'ю]	[мы]	[м'и]	[мэ]	[м'е]
мал	мял	мол	мёл	мул	мюсли	мы	ми	мэр	мера
ЛА	ЛЯ	ЛО	ЛЁ	ЛУ	ЛЮ	ЛЫ	ЛИ	ЛЭ	ЛЕ
[ла]	[л'я]	[ло]	[л'ё]	[л'у]	[л'ю]	[лы]	[л'и]	[лэ]	[л'е]
Согласные после гласных всегда произносятся твердо.					모음+자음 자음을 강하게 발음함				
Ам	Ям	Ом	Ём	Ум	Юм	Ым	Им	Эм	Ем
[ам]	[ям]	[ом]	[ём]	[ум]	[юм]	[ым]	[им]	[эм]	[ем]

Только твёрдые согласные звуки: [ж]- жар, жир; [ш]- шар; [ц]- цепь.(경음)
Только мягкие согласные звуки: [ч']- час, чудо; [щ']- щи; [й']- йод.(연음)

Большинство согласных образует **пары** твёрдых и мягких согласных:
경음(hard consonants) ⇔ 연음(soft consonants)

자음은 쌍을 형성

Твёрдые Hard	[б] бас	[в] вол	[г] газ	[д] дым	[з] зуб	[к] кот	[л] лом	[м] мак	[н] но	[п] пар	[р] рок	[с] сок	[т] тор	[ф] фал	[х] хор
Мягкие Soft	[б'] бить	[в'] вид	[г'] гид	[д'] дед	[з'] зев	[к'] кит	[л'] лёд	[м'] мёд	[н'] Нил	[п'] пел	[р'] речь	[с'] сел	[т'] тюк	[ф'] Фи!	[х'] Хит

➡ Выполните упражнения. Урок 1,2 Рабочая тетрадь, стр. 8-9. Найдите звонкие и глухие согласные. Какие из них являются парными? Найдите твёрдые и мягкие согласные.

1.5 Слог.(Правила переноса слов) 음절

Слова делятся на слоги.	단어는 음절로 나누어 진다.
Слог - это один звук или несколько звуков, произносимых одним выдыхательным толчком воздуха.	음절 – 하나의 소리 또는 여러 소리, 한 번 내쉬는 숨에 의해 소리가 나는 음을 말한다.

В слове столько слогов, сколько гласных звуков!
한 단어에 있는 음절의 수는 모음의 숫자와 동일

Например: д**о**м, д**ы**м, м**и**р, к**о**т, к**и**т, р**о**к, х**о**р - 1 гласный (모음), 1 слог (음절)
м**а**-м**а**, п**а**-п**а**, м**а**-л**ы**ш, к**и**-н**о**, ст**у**-д**е**нт - 2 гласных (모음), 2 слога (음절)
ин-т**е**р-н**е**т, т**е**-л**е**-ф**о**н, к**о**м-пь**ю**-т**е**р - 3 гласных (모음), 3 слога (음절)
т**е**-л**е**-в**и**-з**о**р, - 4 гласных (모음), 4 слога (음절)
у-н**и**-в**е**р-с**и**-тет - 5 гласных (모음), 5 слогов (음절)

Слоги бывают открытыми и закрытыми.
Открытый слог (모음으로 끝나는 음절) оканчивается на гласный (모음) звук.
В**о**-д**а**, м**а**-м**а**, к**и**-н**о**
Закрытый слог (자음으로 끝나는 음절) оканчивается на согласный (자음) звук.
до**м**, ды**м**, ми**р**, фо**н**-та**н**.

◐ Разбейте на слоги следующие слова.
Азбука, алфавит, буква, слово, ударение, язык.
Актер, актриса, балет, балерина, кино, театр, опера, сцена, спектакль, мюзикл.
Анамнез, госпиталь, доктор, пациент, диагноз, дантист, клиника, стоматолог.
Интернет, компьютер, клавиатура, монитор, телефон, студент.
Кампус, университет, библиотека, школа, книга, документ, каталог.

Правила переноса слов
1. Как правило, слова переносятся по слогам. Буквы *ъ*, *ь*, *й* от предыдущих букв не отделяются. *Разъ-езд, синь-ка, мой-ка.*
2. Нельзя переносить или оставлять на строке одну букву, даже если она обозначает слог. Слова *осень, имя* нельзя разделить для переноса.
3. При переносе слов с двойными согласными одна буква остаётся на строке, а другая переносится. *Ран-ний, тер-рор, ван-на.*

Говори́ть по–ру́сски!

1.6 Ударе́ние   강세

Ударением называется выделение отдельного слога в слове.

Слог, который произносится с большей силой и длительностью, называется *ударным слогом*.	강세가 있는 음절은 강하게, 길게 발음하면 된다.
Русское словесное ударение (по сравнению с другими языками) имеет ряд особенностей. Так во французском языке ударение всегда падает на последний слог, в чешском языке ударение всегда падает на первый слог, в корейском языке ударение в слове отсутствует. В русском языке ударение свободное, то есть оно может падать на любой слог.	러시아어의 강세는 다른 나라 언어들과 다른 특성을 가지고 있다. 프랑스어에서의 강세는 항상 마지막 음절에 있으며, 체코어에서 강세는 항상 첫 번째 음절에 있다. 그러나 한국어에는 악센트가 없다. 러시아어에서 강세는 자유롭게 어느 음절에서나 나타날수 있다.

Ша́х-ма-ты, ху-до́ж-ник, те-ле-ви́-зор, у-ни-вер-си-те́т

Ударение может изменять значение слова.	강세에 따라 단어의 의미가 바뀔수 있다. 예를 들면,
а́т-лас	지도 (아틀라스 컬렉션)
ат-ла́с	직물 (섬유), 반짝 이는 패브릭 (직물)
До-ро-го́й мой че-ло-век	친애하는 (내가 좋아하는) 사람
До-ро́-гой	도로 (경로)
Про́-пасть	깊게 갈라진 폭 넓은 틈
Про-па́сть	사라진다

Запо́мните!   기억해라!

Ал-фа-ви́т, би-бли-о-те́-ка, ба-ле́т, до́к-тор, до́л-лар, до-го-во́р, до-ку-ме́нт, инст-ру-ме́нт, ка-та-ло́г, ма-га-зи́н, мо-ло-дёжь, сто-ма-то́-лог, та-мо́-жня, шо-фе́р.

🔸 Выполняйте упражнения Урока 1,2 Рабочая тетрадь, стр. 10 – 29. Каждая страница отведена одной новой согласной.

🔸 Учите новые слова. На каждой странице новые слова образованы только из известных Вам букв. Слова разбиты на слоги. В словах расставлены ударения. Для каждого нового слова дан перевод.

1.7 Произношение гласных звуков в ударном и безударном положении

Гласный звук ударного слога называется **ударным гласным**. Остальные слоги (и гласные) в слове – **безударные**.

Характерная особенность русского произношения – разное звучание гласных под ударением и без ударения	러시아어 발음의 특징 – 여러가지 모음 소리는 강세가 있을때, 강세가 없을 때 다르게 나타난다.
Произношение гласных (모음의 발음)	
Ударные гласные	강세하에서 모음 발음
Гласный в ударном положении находится в **сильной позиции**, то есть произносится наиболее отчётливо и с наибольшей силой.	강세가 있는 모음은 강하게, 명확하게 발음해야 한다.

Ударные гласные **а**, **о**, **у**, **э**, **и**, **ы** всегда читаются как **[а]**, **[о]**, **[у]**, **[э]**, **[и]**, **[ы]**.

Буква	а	о	у	э	и	ы
Звук	[а]	[о]	[у]	[э]	[и]	[ы]
Слово	мал	мол	мул	мэр	мир	мыл
Транскрипция	[мал]	[мол]	[мул]	[мэр]	[м'ир]	[мыл]

При произношении слов нужно обращать все внимание на ударный гласный звук и, как правило, не обращать внимание на качество произнесения неударных звуков!

Безударные гласные	강세가 없는 모음의 발음
Гласный в безударном положении находится в **слабой позиции**, то есть произносится с меньшей силой и менее отчётливо.	약한 위치에서 강세가 없는 모음의 발음은 적은 힘으로 뚜렷하게 발음해야 한다.

Безударные гласные **у**, **ю**, **и**, **ы** всегда читаются как **[у]**, **[и]**, **[ы]**:

Бу́к-ва́рь   [бук-ва́р'], ви-но́   [в'и-но́]; ры-ба́к   [ры-ба́к]

Безударные гласные **а**, **я**, **о**, **ё**, **е**, **э** в предударном слоге – в слоге, который находится перед ударным слогом:
после твёрдых согласных (경음 자음 뒤에) звучит звук, близкий к **[а]** – **[ʌ]**
после мягких согласных (연음 자음 뒤에) звучит звук, близкий к **[и]** – **[иэ]**.
В других безударных слогах гласные звучат ещё более слабо и нечётко. Такие звуки принято называть редуцированными (ослабленными).

Уроки 1, 2. Учимся читать и писать по-русски.
1, 2 과. 러시아어 알파벳 배우기

АЛФАВИТ (알파벳)

Печатные (인쇄체)		Письменные (필기체)		Звук (발음)	Название (명칭)
А	а	*А*	*а*	[а]	а
Б	б	*Б*	*б*	[б]	бэ
В	в	*В*	*в*	[в]	вэ
Г	г	*Г*	*г*	[г]	гэ
Д	д	*Д*	*д*	[д]	дэ
Е	е	*Е*	*е*	[ие]	ие
Ё	ё	*Ё*	*ё*	[ио]	ио
Ж	ж	*Ж*	*ж*	[ж]	жэ
З	з	*З*	*з*	[з]	зэ
И	и	*И*	*и*	[и]	у
Й	й	*Й*	*й*	[й]	и краткое
К	к	*К*	*к*	[к]	ка
Л	л	*Л*	*л*	[л]	эл
М	м	*М*	*м*	[м]	эм
Н	н	*Н*	*н*	[н]	эн

Печа́тные (인쇄체)		Пи́сьменные (필기체)		Звук (발음)	Назва́ние (명칭)
О	о	*О*	*о*	[о]	о
П	п	*П*	*п*	[п]	пэ
Р	р	*Р*	*р*	[р]	эр
С	с	*С*	*с*	[с]	эс
Т	т	*Т*	*т*	[т]	тэ
У	у	*У*	*у*	[у]	у
Ф	ф	*Ф*	*ф*	[ф]	эф
Х	х	*Х*	*х*	[х]	ха
Ц	ц	*Ц*	*ц*	[ц]	цэ
Ч	ч	*Ч*	*ч*	[ч]	че
Ш	ш	*Ш*	*ш*	[ш]	ша
Щ	щ	*Щ*	*щ*	[щ]	ща
ъ		*ъ*			твёрдый знак
	ы		*ы*	[ы]	ы
ь		*ь*			мягкий знак
Э	э	*Э*	*э*	[э]	э
Ю	ю	*Ю*	*ю*	[иу]	иу
Я	я	*Я*	*я*	[иа]	иа

Ру́сский алфави́т: 33 бу́квы

Гла́сные (모음): 10 букв		Согла́сные (자음): 21 буква				Бу́квы-зна́ки: 2 буквы
Аа	Яя	Бб	Зз	Нн	Фф	
Оо	Ёё	Вв	Йй	Пп	Хх	ъ
Уу	Юю	Гг	Кк	Рр	Цц	
ы	Ии	Дд	Лл	Сс	Чч	
Ээ	Ее	Жж	Мм	Тт	Шш	ь
					Щщ	

Гла́сные (모음)

◯ Чита́йте и пиши́те по-ру́сски (러시아어로 읽고 쓰시오.)

А – Я   О – Ё   У – Ю   Ы – И   Э – Е

◯ По́йте, повторя́йте, чита́йте

Аа	ㅏ	а – а - а	а – о - у	ао - оа	ау - уа	аэ – эа
Оо	ㅓ	о – о - о	о – у - а	оа - ао	оу - уо	оэ – эо
Уу	ㅜ	у – у - у	у - о - а	оа - оу	уо - оу	уа - ау
Ээ	ㅐ	э – э - э	а – э	эо - эу	эи – иэ	аэ – эа
Ии	ㅣ	и – и - и	и – э	ио - иа	иэ – эи	иу - уи
Ыы	ㅡ	ы – ы - ы	а – ы	у – ы	о – ы	и – ы
Ее	ㅖ	а – е - а	у – а - е	е – а - у	о - а - е	е – и - а
Ёё	ㅛ	а – е - а	у – а - е	е – а - у	о - а - е	е – и - а
Юю	ㅠ	а – ю - а	у – а - ю	ю – а - у	о - а - ю	ю – и - а

| Ау! Ау! Ау! | Уа! Уа! Уа! | Иа! Иа! Иа! |

Читайте и пишите по-русски

Согласные (자음)	Гласные(모음)									
	А	Я	О	Ё	У	Ю	Ы	И	Э	Е
М	Ма	Мя	Мо	Мё	Му	Мю	Мы	Ми	Мэ	Ме
м										
С	Са	Ся	Со	Сё	Су	Сю	Сы	Си	Сэ	Се
с										
Х	Ха	Хя	Хо	Хё	Ху	Хю	Хы	Хи	Хэ	Хе
х										
Р	Ра	Ря	Ро	Рё	Ру	Рю	Ры	Ри	Рэ	Ре
р										
Ш	Ша	Шя	Шо	Шё	Шу	Шю	Шы	Ши	Шэ	Ше

Согласные (자음)	Гласные(모음)									
	А	Я	О	Ё	У	Ю	Ы	И	Э	Е
ш										
Л	Ла	Ля	Ло	Лё	Лу	Лю	Лы	Ли	Лэ	Ле
л										
Н	На	Ня	Но	Нё	Ну	Ню	Ны	Ни	Нэ	Не
н										
К	Ка	Кя	Ко	Кё	Ку	Кю	Кы	Ки	Кэ	Ке
к										
Т	Та	Тя	То	Тё	Ту	Тю	Ты	Ти	Тэ	Те
т										
П	Па	Пя	По	Пё	Пу	Пю	Пы	Пи	Пэ	Пе
п										
Й										

Говорить по-русски!

🔸 Читáйте и пишѝте по-рýсски

Согласные (자음)	Гласные(모음)									
	А	**Я**	**О**	**Ё**	**У**	**Ю**	**Ы**	**И**	**Э**	**Е**
Г	Га	Гя	Го	Гё	Гу	Гю	Гы	Ги	Гэ	Ге
г										
В	Ва	Вя	Во	Вё	Ву	Вю	Вы	Ви	Вэ	Ве
в										
Д	Да	Дя	До	Дё	Ду	Дю	Ды	Ди	Дэ	Де
д										
Б	Ба	Бя	Бо	Бё	Бу	Бю	Бы	Би	Бэ	Бе
б										
Ж	Жа	Жя	Жо	Жё	Жу	Жю	Жы	Жи	Жэ	Же
ж										
З	За	Зя	Зо	Зё	Зу	Зю	Зы	Зи	Зэ	Зе
з										
Ч	Ча	Чя	Чо	Чё	Чу	Чю	Чы	Чи	Чэ	Че
ч										
Ц	Ца	Ця	Цо	Цё	Цу	Цю	Цы	Ци	Цэ	Це
ц										
Ф	Фа	Фя	Фо	Фё	Фу	Фю	Фы	Фи	Фэ	Фе
ф										
Щ	Ща	Щя	Що	Щё	Щу	Щю	Щы	Щи	Щэ	Ще
щ										
Ъ, Ь										

Буква М [эм] Звук [м]

МА-ШИ́-НА

| М | м | *М* | *м* |

◉ Читáйте и пишите по-рýсски

| МА | МЯ | МО | МЁ | МУ | МЮ | МЫ | МИ | МЭ | МЕ |

| Ам | Ям | Ом | Ём | Ум | Юм | Ым | Им | Эм | Ем |

◉ Прочитáйте, пожáлуйста

Мá-ма	*МА-МА*	Mom	엄마
АМ! АМ! АМ!	*АМ! АМ! АМ!*	Am! Am! Am!	이야! 이야! 이야!
Мяу! Мяу!	*Мяу! Мяу!*	Meow! (cat's voice)	야옹! 야옹! 야옹!
Я	*Я*	I	나
Мы	*Мы*	We	우리
Ми-Ми-Ми	*Ми-Ми-Ми*	Mi-Mi-Mi (music)	미 미 미
Ме-Ме-Ме	*Ме-Ме-Ме*	Me-Me (the voice of a sheep)	나-나-나
Ом	*Ом*	Ohm	옴
Ем	*Ем*	To eat	먹다
я́-ма	*Яма*	Yawner	구멍

Бу́ква С [эс] Звук [с]

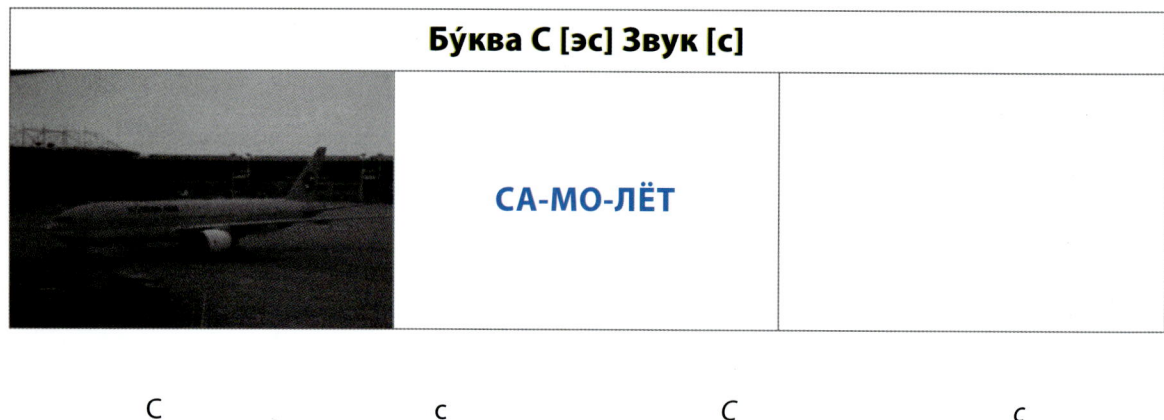

СА-МО-ЛЁТ

С   с   С   с

● Читайте и пишите по-русски

СА   СЯ   СО   СЁ   СУ   СЮ   СЫ   СИ   СЭ   СЕ

| Сма | Смя | Смо | Смё | Сму | Смю | Смы | Сми | Смэ | Сме |

● Прочитайте, пожалуйста

Сам!	*Сам!*	Myself!	
Я сам!	*Я сам!*	I'll do it by myself!	제가 할게요!
Я са-ма́!	*Я сама!*	I do it by myself!	제가 할게요!
Ма́-ма, я сам!	*Мама, я сам!*	Mom, I'll do it by myself!	엄마, 제가 할게요!
Ма́-ма, я са-ма́!	*Мама, я сама!*		엄마, 제가 할게요!
Мусс	*Мусс*	Mousse	거품이 나는 크림
Соя	*Соя*	Soybean	콩
S.O.S.	*S.O.S.*	S.O.S. Save Our Souls	SOS
СМИ	*СМИ*	Media	미디어

Буква X [ха] Звук [x]

ХУ-ДО́Ж-НИК

X x *X* *X*

⊙ Читайте и пишите по-русски

| ХА | ХЯ | ХО | ХЁ | ХУ | ХЮ | ХЫ | ХИ | ХЭ | ХЕ |

| **Хма** | Хмя | Хмо | Хмё | Хму | Хмю | Хмы | Хми | Хмэ | Хме |

⊙ Прочитайте, пожалуйста

Мех	*Мех*	fur	모피
Мох	*Мох*	moss	이끼
Ухо	*Ухо*	ear	귀
Уха	*Уха*	Russian fish soup	러시아 생선 스프
Ух!	*Ух!*	emotions of joy	기쁨의 감정
Ах!	*Ах!*	feelings of admiration	감탄의 감정
Ох! Ох! Ох!	*Ох! Ох! Ох!*	when a person is sick	사람이 아플 때
Хи! Хи! Хи!	*Хи! Хи! Хи!*	Laughter Hi! Hi!	웃음
Ха! Ха! Ха!	*Ха! Ха! Ха!*	Laughter	웃음

Говорить по-русски!

Буква Р [эр] Звук [р]

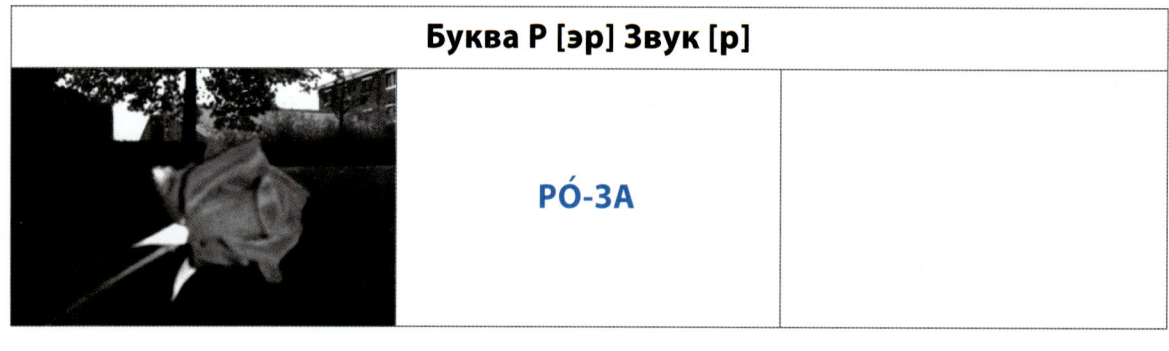

РО́-ЗА

Р   р   *Р*   *р*

◉ **Читайте и пишите по-русски**

РА	РЯ	РО	РЁ	РУ	РЮ	РЫ	РИ	РЭ	РЕ
Рах	Рях	Рох	Рёх	Рух	Рюх	Рых	Рих	Рэх	Рех
Рам	Рям	Ром	Рём	Рум	Рюм	Рым	Рим	Рэм	Рем
Рас	Ряс	Рос	Рёс	Рус	Рюс	Рыс	Рис	Рэс	Рес

◉ **Прочитайте, пожалуйста**

Рим	*Рим*	Rome	로마
Рис	*Рис*	Rice	쌀
Ро-са́	*Роса*	Dew	이슬
Ря́-са	*Ряса*	Cassock	카속(성직자들이 입는 옷)
Ра́-са	*Раса*	Race	경주

Буква Ш [ша] Звук [ш]

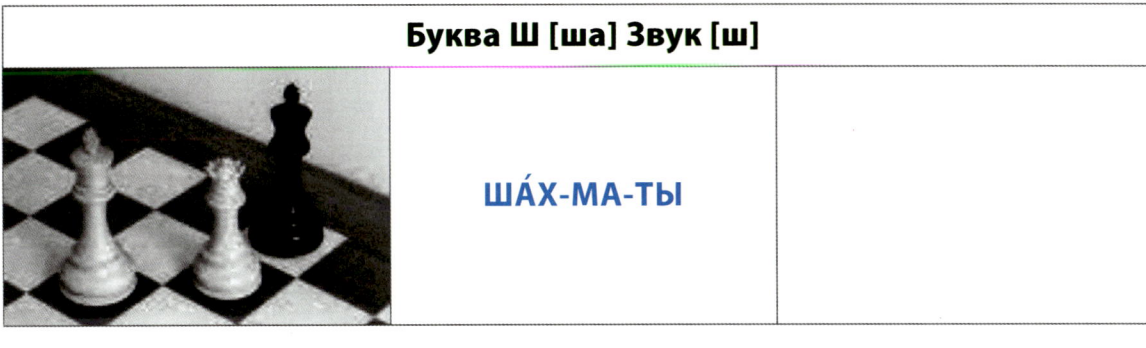

ША́Х-МА-ТЫ

Ш ш Ш Ш

○ Читайте и пишите по-русски

| ША | ШЯ | ШО | ШЁ | ШУ | ШЮ | ШЫ | ШИ | ШЭ | ШЕ |

| **Шма** | Шмя | Шмо | Шмё | Шму | Шмю | Шмы | Шми | Шмэ | Шме |

○ Прочитайте, пожалуйста

Марш	*Марш*	March	행진
Мо́-ре	*Море*	Sea	바다
Хор	*Хор*	Chorus	합창
Хо-ро-шо́	*Хорошо*	Well. Good.	좋은
Смех	*Смех*	Laughter	웃음
Шум	*Шум*	Noise	소음
Рю́-ши	*Рюши*	Frill	주름
Шар	*Шар*	Ball	공
Шо́-рох	*Шорох*	Rustle	사각사각나는 소리

	Буква Л [эл] Звук [л]	
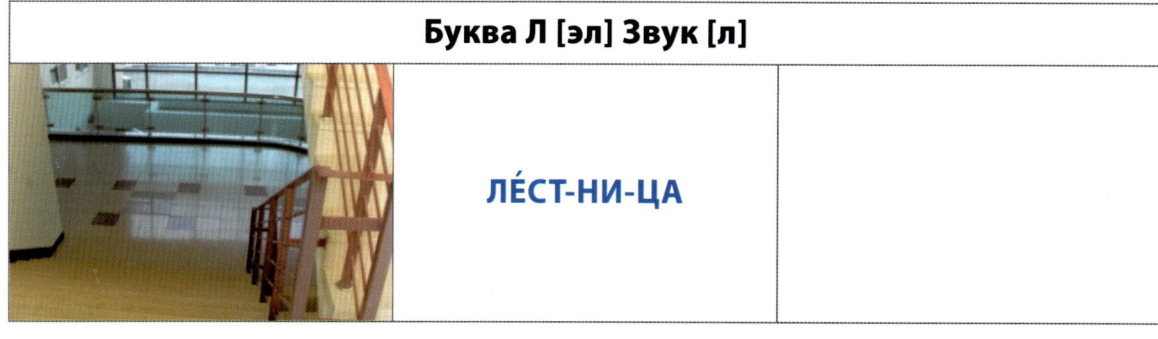	**ЛÉСТ-НИ-ЦА**	

| Л | л | *Л* | *л* |

🔸 **Читайте и пишите по-русски**

ЛА	ЛЯ	ЛО	ЛЁ	ЛУ	ЛЮ	ЛЫ	ЛИ	ЛЭ	ЛЕ
ЛА	**ЛЯ**	**ЛО**	**ЛЁ**	**ЛУ**	**ЛЮ**	**ЛЫ**	**ЛИ**	**ЛЭ**	**ЛЕ**

🔸 **Прочитайте, пожалуйста**

Лес	*Лес*	Forest	숲
Лор	*ЛОР*	Otolaryngologist	Otolaryngologist
Мá-ло	*Мало*	Little	조금
Мáр-шал	*Маршал*	Marshal	원수(군최고계급)
Мел	*Мел*	Chalk	분필
Мул	*Мул*	Mule	노새
Мы́-ло	*Мыло*	Soap	비누
Соль	*Соль*	Salt	소금
Сор	*Сор*	Litter	흩뜨리다
Ссó-ра	*Ссора*	Quarrel	싸움
Руль	*Руль*	Steering wheel	핸들

Буква Н [эн] Звук [н]

НÉ-БО

Н н Н Н

● Читайте и пишите по-русски

| НА | НЯ | НО | НЁ | НУ | НЮ | НЫ | НИ | НЭ | НЕ |

| НА | НЯ | НО | НЁ | НУ | НЮ | НЫ | НИ | НЭ | НЕ |

● Прочитайте, пожалуйста

Мáс-ло	*Масло*	Oil	기름
Нá-ша	*Наша*	Our	우리의
Ма-лы́ш	*Малыш*	Baby	아기
Но-рá	*Нора*	Burrow	굴(짐승이 거주하는)
Нос	*Нос*	Nose	코
Нó-ша	*Ноша*	Burden	부담
Сá-ло	*Сало*	Tallow	지방
Слон	*Слон*	Elephant	코끼리
Сон	*Сон*	Dream	꿈
Лу-нá	*Луна*	Moon	달
Ши́-на	*Шина*	Tire	바퀴, 타이어

Говорить по–русски!

	Буква К [ка] Звук [к]	
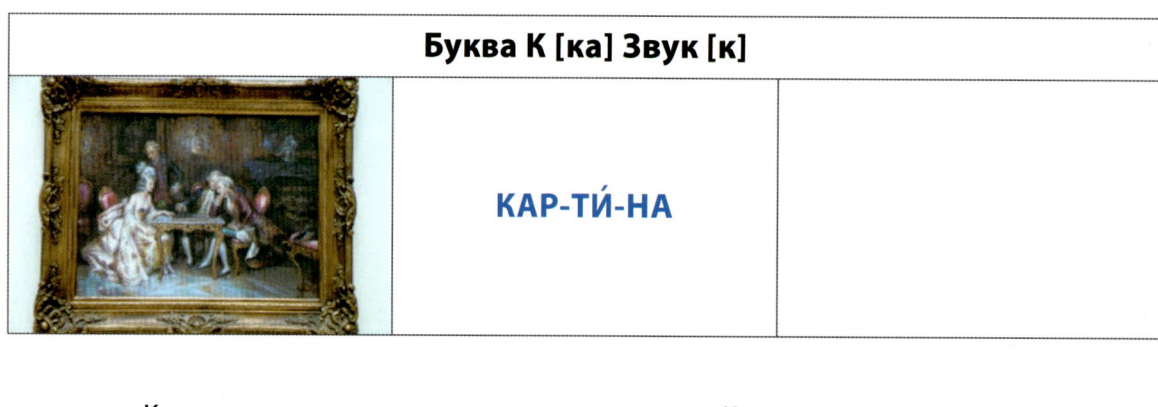	**КАР-ТИ́-НА**	

K   к   *K*   *к*

🢂 **Читайте и пишите по-русски**

| КА | КЯ | КО | КЁ | КУ | КЮ | КЫ | КИ | КЭ | КЕ |

| *КА* | *КЯ* | *КО* | *КЁ* | *КУ* | *КЮ* | *КЫ* | *КИ* | *КЭ* | *КЕ* |

🢂 **Прочитайте, пожалуйста**

Ка́-ша	*Каша*	Porridge	밀죽
Ко́ш-ка	*Кошка*	Cat (female)	고양이 (여자)
Кры́-ша	*Крыша*	Roof	지붕
Кры́ш-ка	*Крышка*	Cover	표지
Лук	*Лук*	Onion	양파
Ок-но́	*Окно*	Window	창
Око	*Око*	Eye	눈
О́-ко-ло	*Около*	About, at the…	주위에, 둘레에
Шок	*Шок*	Shock	충격
Ки-но́	*Кино*	Movie	영화
Ка-ми́н	*Камин*	Fireplace	난로

Русский язык в мире

Буква Т [тэ] Звук [т]		
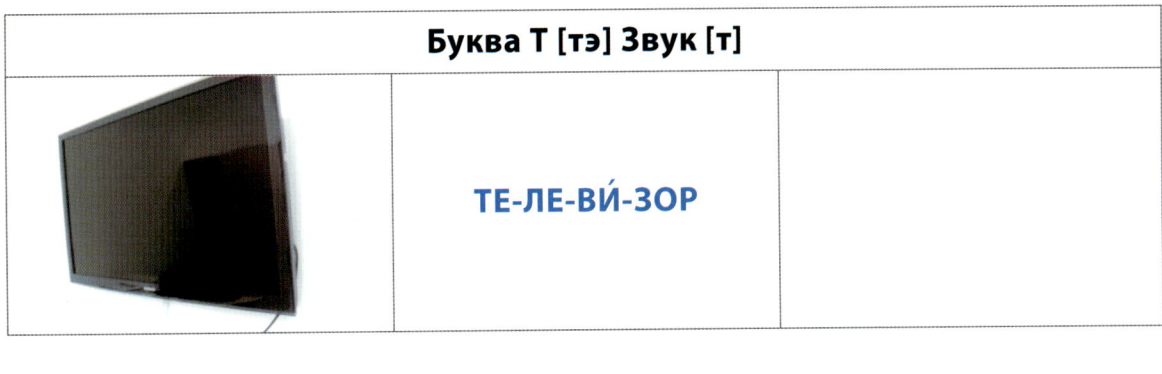	**ТЕ-ЛЕ-ВИ́-ЗОР**	

T t *T T*

🡆 Читайте и пишите по-русски

ТА	ТЯ	ТО	ТЁ	ТУ	ТЮ	ТЫ	ТИ	ТЭ	ТЕ
ТА	*ТЯ*	*ТО*	*ТЁ*	*ТУ*	*ТЮ*	*ТЫ*	*ТИ*	*ТЭ*	*ТЕ*

🡆 Прочитайте, пожалуйста

Кар-ти́-на	*Картина*	Picture	그림
Кот	*Кот*	Cat (male)	고양이(남자)
Те-а́тр	*Театр*	Theatre	극장
Танк	*Танк*	Tank	탱크
Текст	*Текст*	Text	텍스트
Ти́-на	*Тина*	Slime	진흙
Ток	*Ток*	Current	현재
Ты	*Ты*	You	당신은
Тюль	*Тюль*	Tulle	얇은 명주 그물
Так-си́	*Такси*	Taxi	택시
Та-ла́нт	*Талант*	Talent	재능

33

Буква П [пэ] Звук [п]

ПА́-МЯТ-НИК

П п *П* *п*

● Читайте и пишите по-русски

ПА	ПЯ	ПО	ПЁ	ПУ	ПЮ	ПЫ	ПИ	ПЭ	ПЕ
ПА	**ПЯ**	**ПО**	**ПЁ**	**ПУ**	**ПЮ**	**ПЫ**	**ПИ**	**ПЭ**	**ПЕ**

● Прочитайте, пожалуйста

Па́ль-ма	*Пальма*	Palm	야자수
Ло-то́	*Лото*	Lotto	빙고
Ло-то́к	*Лоток*	Tray	쟁반
Петь	*Петь*	Sing	노래하다
Пи-а-ни́-но	*Пианино*	Piano	피아노
Пи-ла́	*Пила*	Saw	톱
Пи-ло́т	*Пилот*	Pilot	조종사
Плод	*Плод*	Fruit	과일
Пол	*Пол*	Floor, Gender	바닥
По-то-ло́к	*Потолок*	Ceiling	천장
Спам	*Спам*	Spam	스팸

Буква З [зэ] Звук [з]

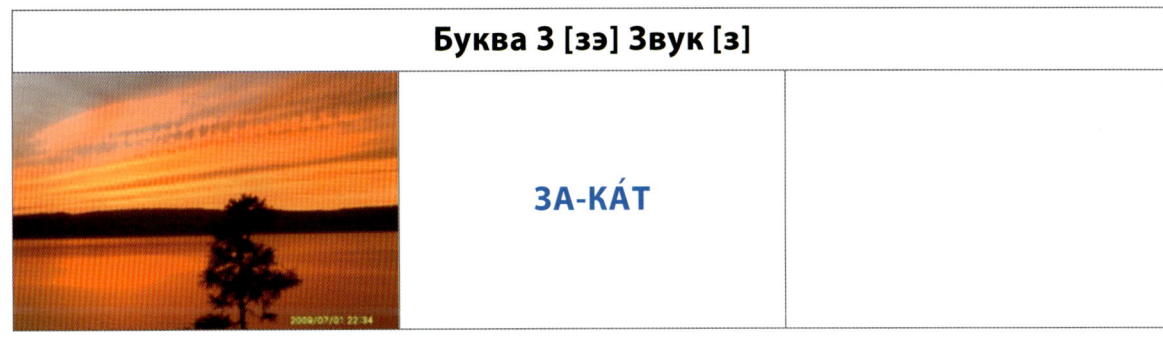

ЗА-КÁТ

З з *З* *з*

● Читайте и пишите по-русски

ЗА	ЗЯ	ЗО	ЗЁ	ЗУ	ЗЮ	ЗЫ	ЗИ	ЗЭ	ЗЕ
ЗА	*ЗЯ*	*ЗО*	*ЗЁ*	*ЗУ*	*ЗЮ*	*ЗЫ*	*ЗИ*	*ЗЭ*	*ЗЕ*

● Прочитайте, пожалуйста

Го-ри-зо́нт	*Горизонт*	Horizon	지평선
За-ря́	*Заря*	Dawn	새벽
За́-яц	*Заяц*	Rabbit	토끼
Зем-ля́	*Земля*	Earth	토지
Зи-ма́	*Зима*	Winter	겨울
Зна́-мя	*Знамя*	Flag	깃발
Зной	*Зной*	Heat	열
Зо-ла́	*Зола*	Ash	재(타고남은)
Зо́-ло-то	*Золото*	Gold	금
Зонт	*Зонт*	Umbrella	우산
Зоо-па́рк	*Зоопарк*	Zoo	동물원

Буква Г [гэ] Звук [г]	
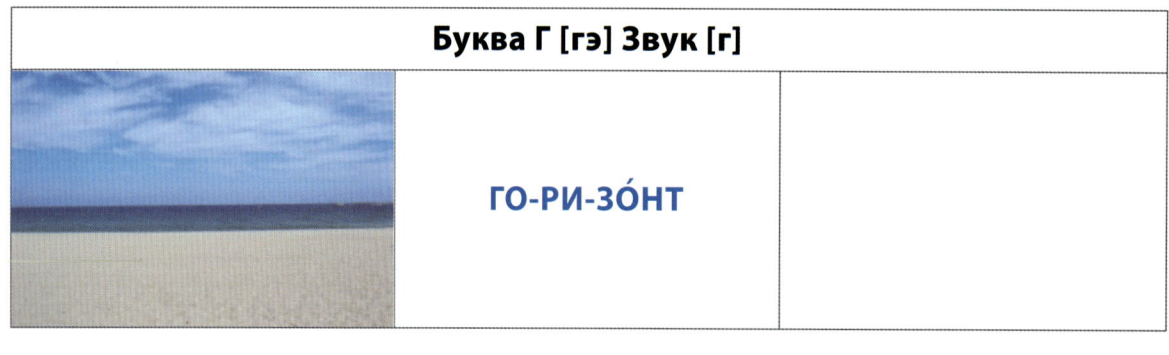	**ГО-РИ-ЗО́НТ**

Г г *Г* *г*

🔸 Читайте и пишите по-русски

ГА	ГЯ	ГО	ГЁ	ГУ	ГЮ	ГЫ	ГИ	ГЭ	ГЕ
ГА	*ГЯ*	*ГО*	*ГЁ*	*ГУ*	*ГЮ*	*ГЫ*	*ГИ*	*ГЭ*	*ГЕ*

🔸 Прочитайте, пожалуйста

Ги́-ря	*Гиря*	Weight	저울의 추
Гол	*Гол*	Goal	골
Го-ра́	*Гора*	Mountain	산
Го-ре́ть	*Гореть*	To burn	타다
Го́р-ло	*Горло*	Throat	목
Греть	*Греть*	To warm	따뜻한
Гру́-ша	*Груша*	Pear	배
За-го-ра́ть	*Загорать*	To take a sunbathe	햇볕에 타다
Плуг	*Плуг*	Plow	쟁기
Га-зе́-та	*Газета*	Newspaper	신문
Ги-та́-ра	*Гитара*	Guitar	기타

Буква В [вэ] Звук [в]

ВИТ-РА́Ж

В   в   *В*   *в*

◯ Читайте и пишите по-русски

| ВА | ВЯ | ВО | ВЁ | ВУ | ВЮ | ВЫ | ВИ | ВЭ | ВЕ |

| **ВА** | *ВЯ* | *ВО* | *ВЁ* | *ВУ* | *ВЮ* | *ВЫ* | *ВИ* | *ВЭ* | *ВЕ* |

◯ Прочитайте, пожалуйста

Ве́-ер	*Веер*	Fan	부채
Вес-на́	*Весна*	Spring	봄
Ве́-тер	*Ветер*	Wind	바람
Вок-за́л	*Вокзал*	Railway station	기차역
Во́-ло-сы	*Волосы*	Hair	머리카락
Враг	*Враг*	Enemy	적의
Вре́-мя	*Время*	Time	시간
Вул-ка́н	*Вулкан*	Vulcan	화산
Вы	*Вы*	You	당신
Пе-ре-го-во́-ры	*Переговоры*	Negotiations	교섭, 절충
Раз-го-во́р	*Разговор*	Conversation	대화

Говорить по–русски!

Буква Д [дэ] Звук [д]	
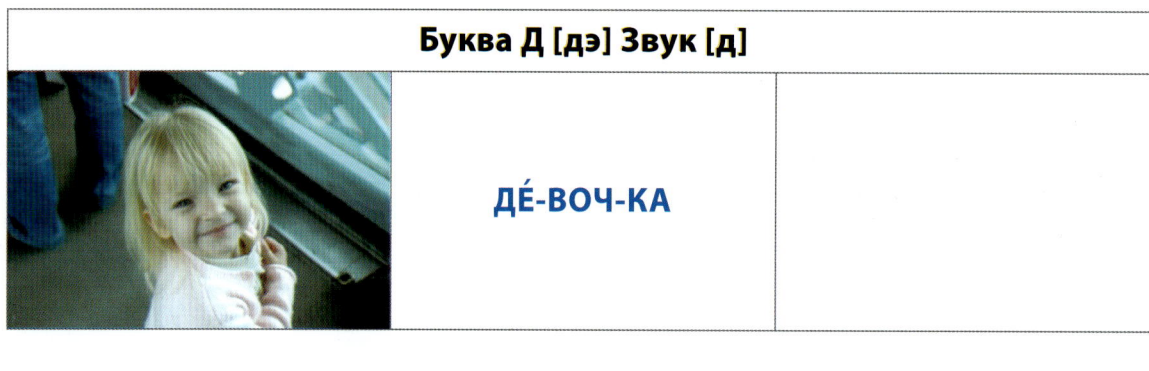 ДЕ́-ВОЧ-КА	

| Д | д | *Д* | *д* |

⭕ **Читайте и пишите по-русски**

| ДА | ДЯ | ДО | ДЁ | ДУ | ДЮ | ДЫ | ДИ | ДЭ | ДЕ |

| **ДА** | **ДЯ** | **ДО** | **ДЁ** | **ДУ** | **ДЮ** | **ДЫ** | **ДИ** | **ДЭ** | **ДЕ** |

⭕ **Прочитайте, пожалуйста**

Вид	*Вид*	View	전망
Во-да́	*Вода*	Water	물
Во-до-па́д	*Водопад*	Waterfall	폭포
Де́-ву-шка	*Девушка*	Girl	여자
Де́-душ-ка	*Дедушка*	Grandfather	할아버지
Друг	*Друг*	Friend	친구
Душ	*Душ*	Shower	샤워
Дом	*Дом*	House	집
Дым	*Дым*	Smoke	연기
Дя́-дя	*Дядя*	Uncle	삼촌
По-ду́ш-ка	*Подушка*	Pillow	베개

Русский язык в мире

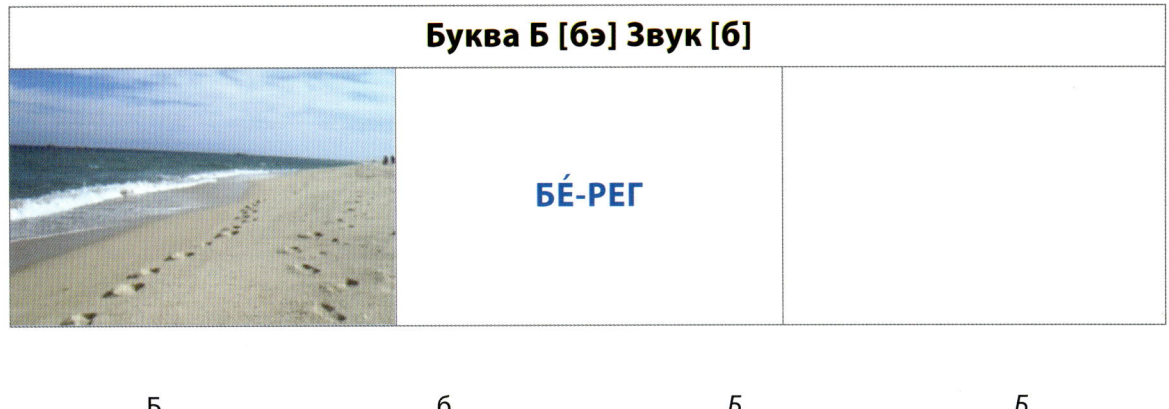

Буква Б [бэ] Звук [б]

БÉ-РЕГ

Б   б   Б   Б

● Читайте и пишите по-русски

БА	БЯ	БО	БЁ	БУ	БЮ	БЫ	БИ	БЭ	БЕ
БА	*БЯ*	*БО*	*БЁ*	*БУ*	*БЮ*	*БЫ*	*БИ*	*БЭ*	*БЕ*

● Прочитайте, пожалуйста

Бéл-ка	*Белка*	Squirrel	단백질
Бé-лый	*Белый*	White	흰색
Бе-рё-за	*Берёза*	Birch	자작나무
Боль	*Боль*	Pain	고통
Бýл-ка	*Булка*	Loaf	흰빵
Бык	*Бык*	Bull	소
Ба-лéт	*Балет*	Ballet	발레
Би-лéт	*Билет*	Ticket	표
Бук-лéт	*Буклет*	Booklet	소책자
Ба-ра-бáн	*Барабан*	Drum	북

Говорить по-русски!

Буква Ж [Жэ] Звук [ж]		
	ЖИ-РА́Ф	

Ж   ж   Ж   ж

🟠 Читайте и пишите по-русски

ЖА   ЖЯ   ЖО   ЖЁ   ЖУ   ЖЮ   ЖЫ   ЖИ   ЖЭ   ЖЕ

ЖА   ЖЯ   ЖО   ЖЁ   ЖУ   ЖЮ   ЖЫ   ЖИ   ЖЭ   ЖЕ

🟠 Прочитайте, пожалуйста

Жа-ке́т	*Жакет*	Jacket	재킷
Жа-ле́ть	*Жалеть*	To pity	불쌍히 여기다
Жа́-рить	*Жарить*	To fry	튀기다
Жи́знь	*Жизнь*	Life	생활, 삶
Жи-ле́т	*Жилет*	Vest	조끼
Жук	*Жук*	Beetle	딱정벌레
Жу-ра́вль	*Журавль*	Crane	학, 두루미
По-бе-ре́-жье	*Побережье*	Coast	연안
Жи́-тель	*Житель*	Inhabitant	주민
Жур-на-ли́ст	*Журналист*	Journalist	저널리스트

Буква Ч [че] Звук [ч]	
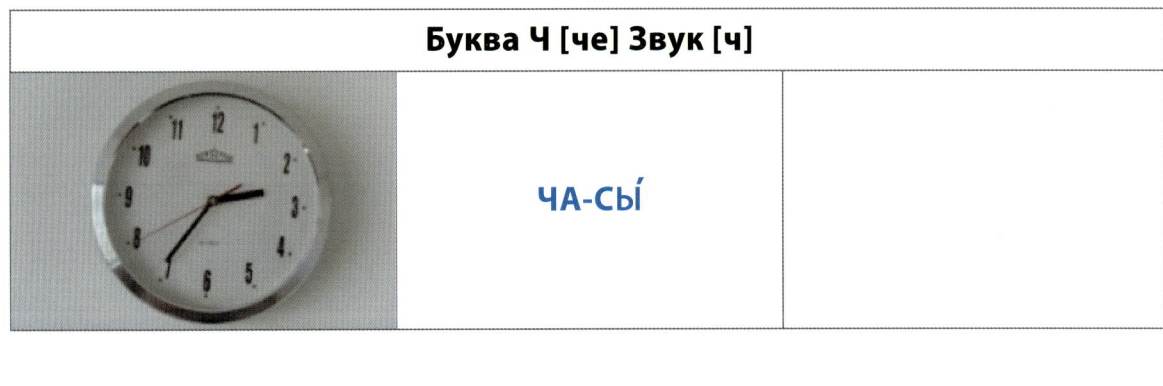	ЧА-СЫ́

Ч ч Ч ч

Читайте и пишите по-русски

ЧА	ЧЯ	ЧО	ЧЁ	ЧУ	ЧЮ	ЧЫ	ЧИ	ЧЭ	ЧЕ
ЧА	*ЧЯ*	*ЧО*	*ЧЁ*	*ЧУ*	*ЧЮ*	*ЧЫ*	*ЧИ*	*ЧЭ*	*ЧЕ*

Прочитайте, пожалуйста

Ба́-боч-ка	*Бабочка*	Butterfly	나비
Бо́ч-ка	*Бочка*	Barrel	통
Ве́-чер	*Вечер*	Evening	저녁
Ве́ч-ность	*Вечность*	Eternity	영원
Сча́-стье	*Счастье*	Happiness	행복
Че́-рез	*Через*	Through	…을 통해
Че-ре-па́-ха	*Черепаха*	Turtle	거북이
Чёр-ный	*Чёрный*	Black	검정색
Че-ло-ве́к	*Человек*	Man, person	사람
Чем-пи-о́н	*Чемпион*	Champion	챔피언

Буква Ц [цэ] Звук [ц]	
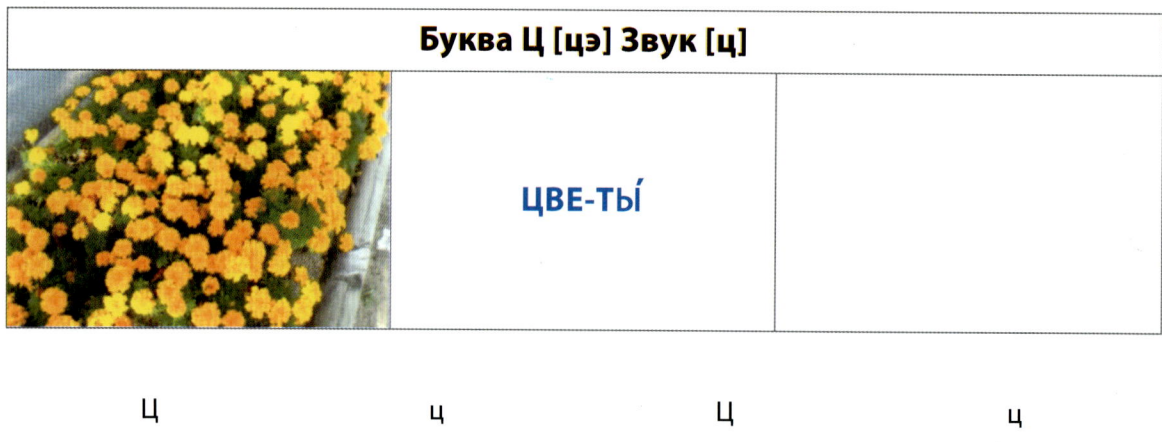 ЦВЕ-ТЫ́	

Ц ц Ц ц

🔶 **Читайте и пишите по-русски**

ЦА	ЦЯ	ЦО	ЦЁ	ЦУ	ЦЮ	ЦЫ	ЦИ	ЦЭ	ЦЕ
ЦА	*ЦЯ*	*ЦО*	*ЦЁ*	*ЦУ*	*ЦЮ*	*ЦЫ*	*ЦИ*	*ЦЭ*	*ЦЕ*

🔶 **Прочитайте, пожалуйста**

Ли-цо́	*Лицо*	Face	얼굴
Пин-це́т	*Пинцет*	Tweezers	족집게
Ца́п-ля	*Цапля*	Heron	왜가리, 황새
Ца-ра́-пи-на	*Царапина*	Scratch	할퀸상처
Царь	*Царь*	King	황제
Цепь	*Цепь*	Chain	체인
Це́р-ковь	*Церковь*	Church	교회
Цирк	*Цирк*	Circus	서커스
Цып-лё-нок	*Цыпленок*	Chicken	병아리
Ци́ф-ра	*Цифра*	Figure, chipher	수, 숫자

Русский язык в мире

Буква Ф [фэ] Звук [ф]	
	ФОН-ТÁН

Ф   ф   Ф   ф

🔸 **Читайте и пишите по-русски**

ФА   ФЯ   ФО   ФЁ   ФУ   ФЮ   ФЫ   ФИ   ФЭ   ФЕ

ФА   ФЯ   ФО   ФЁ   ФУ   ФЮ   ФЫ   ФИ   ФЭ   ФЕ

🔸 **Прочитайте, пожалуйста**

Жи-рáф	Жираф	Giraffe	기린
Фá-ра	Фара	Headlamp	헤드 라이트(자동차)
Фен	Фен	Hairdryer	헤어 드라이기
Фло-мáс-тер	Фломастер	Felt-tip pen	매직펜
Флó-ра	Флора	Flora	식물
Флот	Флот	Fleet	함대
Фон	Фон	Background	배경
Фо-то-вы́с-тав-ка	Фотовыставка	Photo exhibition	사진 전시회
Фо-то-грá-фия	Фотография	Photo	사진
Фут-бóл	Футбол	Football	축구

Буква Щ [ща] Звук [щ]	
	**ЩУ́-ПАЛЬ-ЦА**

Щ   щ   Щ   щ

◉ **Читайте и пишите по-русски**

ЩА	ЩЯ	ЩО	ЩЁ	ЩУ	ЩЮ	ЩЫ	ЩИ	ЩЭ	ЩЕ
ЩА	**ЩЯ**	**ЩО**	**ЩЁ**	**ЩУ**	**ЩЮ**	**ЩЫ**	**ЩИ**	**ЩЭ**	**ЩЕ**

◉ **Прочитайте, пожалуйста**

Ще-ти́-на	*Щетина*	Bristle	뻣뻣한 털
Щи	*Щи*	Cabbage soup	스프
Щу́-ка	*Щука*	Pike	꼬치고기를 닮은 담수어 담수어
Щу́-паль-ца	*Щупальца*	Tentacles	촉수, 촉각
Ещё раз	*Ещё раз*	Again	다시 한번
Об-ще́-ни-е	*Общение*	Communication	교제, 왕래
Пло́-щадь	*Площадь*	Square	광장
Ча́-ща	*Чаща*	Thicket	덤불
Плащ	*Плащ*	Cloak	망토
О-щу-ще́-ни-е	*Ощущение*	Sensation	느낌, 감각

УРОК 3. РАД С ВА́МИ ПОЗНАКО́МИТЬСЯ.
3 과. 당신과 만나서 기쁩니다

Познако́мьтесь, пожа́луйста.

Мари́на: Здра́вствуйте! Меня́ зову́т Мари́на. Ра́да с Ва́ми познако́миться! Я студе́нтка. Я учу́сь в Канны́н – Вонжу́ университе́те. Познако́мьтесь, пожа́луйста. Это мои́ друзья́. Это Андре́й, Кристиа́на, Ми́на и Хари́м.

Андре́й: До́брый день! Меня́ зову́т Андре́й. Я студе́нт. Я учу́сь в университе́те в Москве́. Прия́тно с Ва́ми познако́миться.

Кристиа́на: Здра́вствуйте! Меня́ зову́т Кристиа́на. Я то́же студе́нтка. Я учу́сь в университе́те, в Ри́ме. Ра́да познако́миться с ва́ми!

Мина: До́рбый день! Меня́ зову́т Ми́на. Я студе́нтка. Я учу́сь в университе́те, в Сеу́ле. Ра́да с вами познако́миться!

ВОПРО́СЫ К ТЕ́КСТУ

❖ Как зову́т друзе́й Мари́ны? Кто они́? Где они́ у́чатся?

ДАВА́ЙТЕ ГОВОРИ́ТЬ ПО-РУ́ССКИ

❖ Расскажи́те о себе́: Как Вас зову́т? Где Вы у́читесь?

ДИАЛО́Г

Мари́на:	Здра́вствуйте! Проходи́те, пожа́луйста! Познако́мьтесь. Э́то мои́ друзья́. Э́то Андре́й. Он студе́нт. Андре́й у́чится в университе́те, в Москве́.
Андре́й:	Здра́вствуйте! Рад с ва́ми познако́миться!
Мари́на:	Э́то моя́ подру́га. Её зову́т Ми́на. Она́ то́же студе́нтка. Она́ у́чится в университе́те, в Сеу́ле.
Ми́на:	До́брый день. Прия́тно познако́миться!
Мири́на:	Э́то то́же моя́ подру́га. Её зову́т Кристиа́на. Она́ студе́нтка. Кристиа́на у́чится в университе́те, в Ри́ме.
Кристиа́на:	Здра́вствуйте! Прия́тно познако́миться!
Мари́на:	Э́то моя́ ма́ма. Её зову́т Мари́я Алекса́ндровна. Она́ врач.
Мари́я Алекса́ндровна:	О́чень прия́тно!
Мари́на:	Э́то мой па́па. Его́ зову́т Дми́трий Андре́евич. Он то́же врач.
Дми́трий Андре́евич:	Рад познако́миться!
Мари́на:	А э́то моя́ сестра́. Её зову́т ю́лия. Она́ то́же студе́нтка.
ю́лия:	О́чень прия́тно!

Мари́я

Алекса́ндровна: Проходи́те пожа́луйста! Чу́вствуйте себя́ как до́ма.

НО́ВЫЕ СЛОВА́

НАРЕ́ЧИЯ					
прия́тно	pleasantly	즐겁게	**хорошо́**	good	좋아요
ГЛАГО́ЛЫ					
знако́миться	get acquainted	알게되다	**проходи́ть**	to pass	들르다 지나가다
учи́ться	to study	배우다	**чу́вствовать**	to feel	기분이
ПРИЛАГА́ТЕЛЬНЫЕ					
хоро́ший	**good**	좋은	**до́брый**	**kind**	착한
СУЩЕСТВИ́ТЕЛЬНЫЕ					
студе́нт	student	학생	**университе́т**	university	대학
врач	doctor	의사	**ма́ма**	mum	엄마
всего́, всё	Total, all	모든	**па́па**	dad	아빠
брат	brother	형	**сестра́**	sister	언니
друг	friend	친구	**подру́га**	friend	친구
у́тро	morning	아침	**день**	day	낮, 하루
ве́чер	evening	저녁	**ночь**	night	밤
приве́тствие	greeting	인사	**проща́ние**	farewell	작별
извине́ние	apology	사과	**благода́рность**	thanks	감사

НÓВЫЕ ВЫРАЖÉНИЯ:

ПРИВЕТСТВИЕ greetings (인사)		
Здрáвствуйте!	안녕하세요!	Hello everybody!
Привéт!	안녕!(만날때)	Hi (informal)
Дóброе ýтро!	안녕하세요(오전)	Good morning
Дóбрый день!	안녕하세요(오후)	Good day
Дóбрый вéчер!	안녕하세요(저녁)	Good evening
Спокóйной нóчи!	안녕히 주무세요	Good night
ПРОЩÁНИЕ saying good bye (작별)		
До свидáния!	안녕히 계세요!	Good bye
Покá!	잘가!	Bye! (informal)
Всегó дóброго!	모든 일이 순조롭길 바래!	Best regards
Зáвтра увúдимся	내일 또 보자	See you tomorrow
Ещё увúдимся.	나중에 또 보자	See you again
Всегó хорóшего!	모든일이 잘 되기 바래!	Best regards
До зáвтра.	내일 보자	See you tomorrow
СЛОВÁ БЛАГОДÁРНОСТИ thanks		
Спасúбо!	감사합니다	Thank you
Большóе спасúбо!	대단히 감사합니다	Thanks a lot
Пожáлуйста!	괜찮습니다	You are welcome
Не за что	괜찮습니다	You are welcome
ИЗВИНÉНИЯ apologize		
Извинúте!	죄송합니다!	Excuse me
Извинúте, пожáлуйста!	죄송합니다!	Excuse me, please
Простúте!	죄송합니다!	Excuse me
Простúте, пожáлуйста!	죄송합니다!	Excuse me, please

Ничего́	괜찮습니다	it's all right
Ничего́, всё норма́льно (всё хорошо́)	괜찮습니다	Okay, it's all right, everything is OK
ПРИЯ́ТНО ПОЗНАКО́МИТЬСЯ! Glad to meet you 만나서 반갑습니다!		
О́чень прия́тно!	만나서 반갑습니다	Nice to meet you
Прия́тно познако́миться!	만나서 반갑습니다	Glad to meet you

ДАВА́ЙТЕ ГОВОРИ́ТЬ ПО-РУ́ССКИ

– Здра́вствуйте. – До́брый день. – Как Вас зову́т? – Меня́ зову́т Мари́на. – А как Вас зову́т? – Меня́ зову́т Ви́ктор. – О́чень прия́тно. – Прия́тно познако́миться. – До свида́ния. – Всего́ хоро́шего. До свида́ния.	번역
번역	– Как его́ зову́т? – Его́ зову́т Серге́й. – Как её зову́т? – Её зову́т Светла́на.
– Здра́вствуйте, Михаи́л. – До́брый день, Влади́мир. – Познако́мьтесь, э́то Андре́й. – О́чень прия́тно. – Прия́тно познако́миться!	번역

Некоторые русские имена \ Some Russian names

| Александр Македонский Знаменитый полководец | Александр Суворов Русский полководец | Александр I Царь | Александр Пушкин Русский поэт | Александр Блок Русский поэт |

Женские имена \ **Woman's names**   Мужские имена \ **Man's names**

Полное имя		Краткое имя	Полное имя		Краткое имя
Full name (formal)	In English	**Short name (informal)**	**Full name (formal)**	In English	**Short name (informal)**
Александра	Alexsandra	Саша	Александр	Aleksandr	Саша
Анастасия	Anastasiya	Настя	Алексей	Aleksey	Алёша
Анна	Anna	Аня	Андрей	Andrey	Андрей
Вера	Vera	Вера	Борис	Boris	Боря
Дарья	Darya	Даша	Владимир	Vladimir	Володя
Екатерина	Ekaterina	Катя	Василий	Vasily	Вася
Елена	Elena	Лёна	Иван	Ivan	Ваня
Мария	Mariya	Маша	Михаил	Mihail	Миша
Наталия	Natalyia	Наташа	Николай	Nkolay	Коля
Ольга	Olga	Оля	Руслан	Ruslan	Руслан
Юлия	Yuliya	Юля	Юрий	Yury	Ю-ра

ГРАММАТИ́ЧЕСКИЙ КОММЕНТА́РИЙ

Как Вас зову́т? / Как тебя́ зову́т?

What is your name? Formal/ Informal

당신의 이름은 무엇입니까?

Кто?	Кто это?	Кого?	Как зовут?
Who?	Who is it?	Whom?	What is …name?
Я	Это я	**меня́**	Как меня́ зову́т?
I	It's me	my	What is my name?
Ты	Это ты	**тебя́**	Как тебя́ зову́т?
You	It's you	your	What is your name?
Вы	Это Вы	**Вас**	Как Вас зову́т?
You	It's you	your	What is your name? (formal)
ОН	Это он	**его́**	Как его́ зову́т?
He	It's he	his	What is his name?
ОНА́	Это она	**её**	Как её зову́т?
She	It's she	her	What is her name?

	단수				복수		
Я	ТЫ	ОН	ОНА́	ОНО́	МЫ	ВЫ	ОНИ
나는	너는	그는	그녀는	그것은	우리들은	너희들은	그들은

Говорить по-русски!

ОН (남자이름)	ОНА (여자이름)

Михаил_, Иван_, Сергей. Андрей_, Пётр_, Руслан_, Максим_…

Анн**а**, Алис**а**, Мари**я**, Марин**а**, Елен**а**, Анастаси**я**, Ольг**а**…

Usually, the end of the Russian man's mane has no endings

Usually, the end of the Russian woman's mane is –**а**, -**я**

ДА	НЕТ
예	아니오

Это Еле́на? Is this Elena?	**Да**, э́то она́. Э́то Еле́на.	**Нет**, э́то не **Еле́на**. Э́то не она́
	Yes, it's she. This is Elena.	No, this is not Elena. This is not she…

УПРАЖНЕ́НИЯ

▶ Напишите предложения, используя фразы приветствия для формального и неформального общения.

Образец :
- **Здравствуйте, Светлана. Меня зовут Дмитрий.**
- **Я очень люблю изучать иностранные языки.**
- **Рад познакомиться!**

Елена, Анастасия, Маша, Сергей, Миша, Владимир, Дима, Женя, Артём, Даша, Ирина, Юра, Алёша, Марина, Лиза, Вера, Надежда.

⊙ Напишите текст. Раскройте скобки, употребляя местоимения в корректной форме.

1. Здравствуйте, Светлана! Добрый день. Познакомьтесь, пожалуйста. Это Марина. Она студентка. Очень приятно. А кто это? Это тоже новая студентка. Как (она) зовут? (Она) зовут Алиса. А кто это? Это тоже студент. Как (он) зовут? (Он) зовут Сергей. А это профессор? Да, это новый профессор. Вы знаете как (он) зовут? Да, знаю. (Он) зовут профессор Ким.
2. Это фотография. Это мама. Как (она) зовут? (Она) зовут Мария. Это брат. Как (он) зовут? (Он) зовут Артём.

⊙ Попрощайтесь с родителями друга и своими друзьями, используя фразы формального и неформального общения. Поблагодарите за приглашение. Пожелайте спокойной ночи.

Семья : Ирина Сергеевна (мама), Сергей Иванович (отец), Андрей (сын, Ваш друг), Даша (дочь, Ваша подруга).

⊙ Переведите на корейский язык следующие выражения.

1. 안녕하세요.
2. 안녕히 계세요.
3. 어서 오세요.
4. 고맙습니다 / 감사합니다.
5. 천만에요.
6. 미안합니다 / 죄송합니다.
7. 괜찮습니다.
8. 실례합니다.
9. 안녕하세요. 만나서 반갑습니다. 저는 **Mariya** 라고 해요.

Говорить по-русски!

◯ Заполните таблицу по образцу, используя русские именá и фрáзы выражéния благодáрности: «Спасибо!», «Большое спасибо!», «Пожáлуйста!», «Не за что».

— Светлáна, спасибо!	— Спасибо, Михаил!
— Пожáлуйста, Василий!	— Пожáлуйста, Вéра!
—	—
—	—
— Большóе спасибо, Дмитрий!	— Большóе спасибо, Юлия!
— Пожáлуйста, Áнна.	— Пожáлуйста, Ивáн.
—	—
—	—

◯ Заполните таблицу по образцу, используя русские именá и фрáзы извинéний.

— Светлана, простите!	— Извините!
— Ничегó…	— Ничегó, всё нормáльно.
—	—
—	—
— Простите, пожáлуйста!	— Извините, пожáлуйста!
— Ничегó, всё хорошó.	— Всё хорошó.
—	—
—	—
— Пожáлуйста, простите!	— Пожáлуйста, извините!
— Ничегó стрáшного.	— Ничегó…

–	–
–	–

➡ **Прочита́йте диало́ги. Соста́вьте диало́ги по образцу́, испо́льзуя имена́ в табли́це.**

– Это Елена? – Да, это она. Это Елена.	– Это Пётр? – Да, это он. Это Пётр.
– Дмитрий – … … …	– Вера – … … …
– Юрий – … … …	– Светлана – … … …

➡ **Запо́лните табли́цу по образцу́, испо́льзуя утверди́тельные и отрица́тельные отве́ты на ка́ждый вопро́с.**

Это **Михаил**?	이분이 미하일입니까?
Да, это **Михаил**.	예, 이분은 미하일입니다.
Нет, это не Михаил.	아니오, 이분은 미하일이 아닙니다.
Это Светлана?	
Это Марина?	
Это Андрей?	

⭕ Заполните таблицу. Составьте диалоги по образцу, используя русские имена и местоимения в таблице.

Кто?	Кого?
Я	меня
ОН	его
ОНА́	её

Как Вас зовут?			
Марина (**я**)	*Как Вас зовут?*	*Меня зовут Марина.*	*Очень приятно!*
Мария (**она**)	*Как её зовут?*	*Её зовут Мария.*	*Очень приятно!*
Вера (**она**)			
Анна (**я**)			
Андрей (**он**)			
Сергей (**он**)			
Михаил (**я**)			
Виктор (**я**)			
Нина (**она**)			
Дмитрий (**он**)			
Ольга (**я**)			
Павел (**он**)			

УРОК 4. ИМЯ, ФАМИЛИЯ, ОТЧЕСТВО
4 과. 이름, 성, 부칭

На приёме у терапевта.

Сегодня Серёжа вместе с мамой пришёл на приём к терапевту. Серёжа вошёл в кабинет и поздоровался . «Здравствуйте», - сказал Серёжа. «Здравствуй», - ответил врач. Он сказал: «Проходи, садись, пожалуйста. Как тебя зовут?». «Меня зовут Серёжа», – ответил маленький пациент. «… А как отчество?», - спросил врач. «Владимирович», – ответил Сергей. Врач всё записал, а потом сказал: «Хорошо, Сергей Владимирович. Теперь, фамилия». «Моя фамилия Светлов», – ответил Серёжа. «Меня зовут Виктор Владимирович», - сказал врач. «Очень приятно», - ответил Серёжа. Врач внимательно осмотре́л Серёжу и спроси́л: «Как дела́? Что у тебя́ боли́т? На что жа́луешься?»

ВОПРО́СЫ К ТЕ́КСТУ

❖ Как зову́т пацие́нта? (Напиши́те его́ фами́лию, и́мя и о́тчество).
❖ Ка́к зову́т терапе́вта? (Напиши́те его́ и́мя и о́тчество).

ДАВА́ЙТЕ ГОВОРИ́ТЬ ПО-РУ́ССКИ

❖ Как зову́т Ва́шего преподава́теля? (Напиши́те его́ фами́лию, и́мя и о́тчество). Как зва́ли Ва́ших преподава́телей в Росси́и?
❖ Напиши́те фами́лии имена́ и о́тчества знамени́тых ру́сских писа́телей, поэ́тов, компози́торов, учёных.
❖ Напиши́те фами́лию, и́мя и о́тчество Президе́нта Росси́и.

ДИАЛО́Г

***

Пацие́нт: До́брый де́нь!
Врач: Здра́вствуйте. Проходи́те. Сади́тесь, пожа́луйста. **Как Вас зову́т?**
Пацие́нт: **Меня́ зову́т Петро́в Андре́й Ива́нович.**
Пацие́нт: До́брое у́тро!
Врач: Здра́вствуйте. Проходи́те. Сади́тесь, пожа́луйста. **Как Вас зову́т?**
Пацие́нт: **Меня́ зову́т Татья́на Серге́евна.**
Врач: А фами́лия?
Пацие́нт: Ивано́ва.

***

Пациéнт: Здрáвствуйте!

Врач: Здрáвствуй! Садúсь, пожáлуйста. **Как тебя́ зову́т?**

Пациéнт: **Меня́ зову́т Серёжа.**

Врач: Так, …Сергéй … … А как óтчество?

Пациéнт: **Владúмирович.**

Врач: Хорошó, Сергéй Владúмирович. Тепéрь, **фамúлия.**

Пациéнт: **Светлóв.**

НÓВЫЕ СЛОВÁ

НАРÉЧИЯ					
внимáтельно	attentively	신중하게, 주의깊게	**плóхо**	badly	나쁘게
ГЛАГÓЛЫ					
расскáзывать	to talk	말하다, 이야기하다	**проходúть**	to pass	들르다, 지나가다
желáть	to wish	희망하다	**чу́вствовать**	to feel	느끼다
садúться	to take a sit	앉다	**спрáшивать**	to ask	질문하다
отвечáть	to answer	대답하다	**говорúть**	to speak	말하다
писáть	to write	쓰다	**смотрéть**	to watch	보다
болéть	to be ill	아프다	**жáловаться**	to complain	불평하다
СУЩЕСТВÚТЕЛЬНЫЕ					
и́мя	name	이름	**экзáмен**	examination	시험
фамúлия	family name	성	**тéст**	test	시험
óтчество	patronymic	부칭	**врач**	doctor	의사

правда	truth	진실, 사실	**пациент**	patient	환자
удача	fortune	운, 행운	**терапевт**	physician	내과 의사

НÓВЫЕ ВЫРАЖÉНИЯ:

Как дела? Как у тебя дела? Как у Вас дела?
How are you doing?

(Óчень) хорошó!	(Óчень) плóхо.	Нормáльно
(Very) good!	(Very) bad	Normal (nothing bad)
Отлично!	Ужáсно.	Так себé.
Excellent!	Terribly.	So-so
Прекрáсно!	Отвратительно.	Ничегó.
Wonderful!	Disgusting.	Nothing bad, not bad
Замечáтельно!	Ничегó хорóшего.	Как обычно
Great!	Nothing good.	As usual.

ДАВÁЙТЕ ГОВОРИ́ТЬ ПО-РУ́ССКИ

– Здрáвствуйте!
– Дóбрый день.
– Как Вас зовýт?
– Меня́ зовýт Марина Николáевна.
– Óчень прия́тно!
– А Вас как зовýт?
– Алексáндр Сергéевич.
– Óчень прия́тно!
– До свидáния!
– Зáвтра увидимся!

번역

번역

– Здрáвствуй!
– Привéт!
– Как тебя зовýт?
– Сáша. А тебя́ как зовýт?
– Меня́ зовýт Свéта.
– Óчень прия́тно!
– Óчень прия́тно!
– Покá!
– Покá, ещё уви́димся!

ГРАММАТИ́ЧЕСКИЙ КОММЕНТА́РИЙ

Фамилия, И́мя, О́тчество, Ру́сские имена́.

러시아인의 이름은 러시아어 사용자 및 러시아어 전통의 영향을 받은 언어권에서 사용한다. 러시아인의 이름은 세 가지 요소로 구성되어 있다. 성과 부칭, 이름이다. 순서는 이름,부칭, 성의 순서이다. 부칭이란 아버지의 이름에서 자동으로 생성되는 명칭으로 ~의 아들 또는 ~의 딸이란 의미를 갖는다. 예를 들어 이반 이바노비치 이바노브의 경우, 이 이름의 의미는 이반의 아들 이반 이바노브란 뜻이 된다. 부칭은 때때로 생략되는 경우가 있다.

슬라브계 인명에서 자주 보이는 ~비치는 남성일 때 붙는 부칭접사이고, 여성의 경우는 ~오브나를 쓴다. 또 그밖에도 남성은 -in, -yn, -ov, -ev, -vich, 여성은 vicha, -a, -ova, -ovna, -ina 등의 다양한 부칭접사를 가지고 있다.

이름,부칭의 형태는 보통 공식적인 자리에서 일반적인 존칭으로 자주 쓰이며, 중요한 정치 지도자나 존경받는 인물의 경우 풀 네임으로 호칭된다. 매우 친한 사이에는 부칭을 변형한 호칭만으로 통용되는 일이 있다. 이 경우 부칭접사인 오비치는 이비치로 바뀐다. 당신이 바실리 이바노비치 차파예프의 친한 친구라면 그를 이바니치로 부를 수 있을 것이다. 영어에서는 보통 부칭을 약어로 나타낸다. **Влади́мир Влади́мирович Пу́тин** (블라디미르 블라디미로비치 푸틴). **Алекса́ндр Серге́евич Пу́шкин** (알렉산드르 세르게예비치 푸시킨). 성은 부계로 전승되며 여성은 결혼하면 남편의 성을 따른다.

Великие русские учёные, писатели, поэты, композиторы.

Лев Никола́евич Толсто́й	Михаи́л Васи́льевич Ломоно́сов	Анто́н Па́влович Че́хов	Алекса́ндр Серге́евич Пу́шкин
레프 니콜라예비치 톨스토이	미하일 바실리예비치 로모노소프	안톤 파블로비치 체호프	알렉산드르 세르게예비치 푸시킨
1828년 9월 9일~1910년 11월 20일)는 러시아의 위대한 소설가이자 시인, 개혁가, 사상가이다. 러시아 문학과 정치에 지대한 영향을 끼쳤다.	1711년~1765년)는 러시아의 시인·학자·과학자이다.	1860년 1월 29일 ~ 1904년 7월 15일)은 러시아의 단편 소설가이자 극작가이다.	알렉싼드르 뿌슈낀, 1799년 6월 6일~1837년 2월 10일)은 러시아의 위대한 시인이자 소설가이다.

Говорить по-русски!

| Дми́трий Ива́нович Менделе́ев | Пётр Ильи́ч Чайко́вский | Михаи́л Ю́рьевич Ле́рмонтов | Фёдор Миха́йлович Достое́вский |

드미트리 이바노비치 멘델레예프

표트르 일리치 차이콥스키

미하일 유리예비치 레르몬토프

표도르 미하일로비치 도스토옙스키

멘델레예브, 1834년 2월 7일 ~ 1907년 1월 20일)는 러시아의 화학자이다. 주기율표를 최초로 작성한 이 중 한 명으로 알려져 있다.

1840년 5월 7일~ 1893년 11월 6일, 신력: 1840년 4월 25일 – 1893년 10월 25일) 는 낭만주의 시대의 러시아 작곡가이다.

(1814년~1841년)는 러시아의 시인·소설가로, 러시아 낭만주의의 대표자이다.

1821년 11월 11일/구력 10월 30일 ~ 1881년 2월 9일/구력 1월 28일)는 러시아의 소설가이 다.

Фами́лия. Имя. О́тчество. Ру́сские имена́.

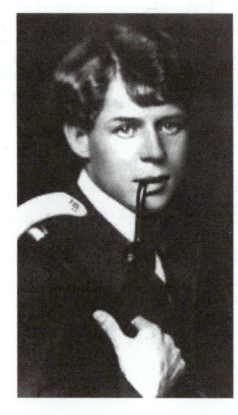

Every Russian has three names: a **first name**, a **patronymic**, and a **surname**. Take a look at the name of a famous Russian poet: **Серге́й Алекса́ндрович Есе́нин** (Sergei Aleksandrovich Esenin).

Серге́й - is the first name. **Алекса́ндрович** - is the patronymic, or middle name (Hint: his father's name was Aleksandr) **Есе́нин** - is the surname, or last name.

1. The **first name** is a given name. Every Russian name has a variety of forms which can express all kinds of emotions. For example, there are more than twenty forms of Ekaterina in Russian!

   The full form: Ekaterina (**Екатери́на**) - is used in official papers, in formal relationships and with unfamiliar people.
   The shortened form: Katya (**Ка́тя**), Katiusha (**Катю́ша**), Katerina (**Катери́на**) - is neutral and used in relationships with friends.
   Form of affection: Katenka (**Ка́тенька**). Intimate, tender forms: Katiushenka (**Катю́шенька**), Katiushka (**Катю́шка**), Katerinka (**Катери́нка**).

2. The second name is **a patronymic**. Russian patronymic is a name derived from the father's first name by adding **-ович/-евич** (son of) for male, or **-овна/-евна** (daughter of) for females.

   For example, in the name Мария Ивановна Петрова, the middle name, Ивановна, means daughter of Иван; in the name Николай Викторович Петров, the patronymic, Викторович, means the son of Виктор.
   Children and close friends are called by their first names. The personal pronoun and the verb are in the singular.

Света, где ты была?	Sveta, where have you been?
Здравствуй, Михаил!	Hello, Mikhail!

   The usual official form of address among adults is the first name and patronymic; the person pronoun and the verb are in the plural.

Здравствуйте, Владимир Иванович!	Hello, Vladimir Ivanovich!
Анна Дмитриевна, добрый день!	Anna Dmitrievna, good evening!

3. **Russian surnames or family names** take on a feminine ending for women.

Given name. Family name. Patronymic.

Семья́ Family		
И́мя	О́тчество	Фами́лия
Given name	Patronymic	Family name
Ма́ма (mother):		
Мари́на Marina	Никола́евна Nicolaevna	**Ким** **Kim**
Па́па (father):		
Влади́мир **Vladimir**	Серге́евич Sergeevich	**Ким** **Kim**
Сын (son):		
(Ми́ша) Михаи́л Mihail	**Влади́мирович** **Vladimirovich**	**Ким** **Kim**
Дочь (daughter):		
(Све́та) Светла́на Svetlana	**Влади́мировна** **Vladimirovna**	**Ким** **Kim**

УПРАЖНЕ́НИЯ

◆ Прочита́йте диало́ги. Переведи́те на коре́йский язы́к. Перепи́шите диало́ги в тетра́дь.

◆ Прочита́йте диало́ги. Запо́лните ка́рточку.

– Как Вас зову́т? – Меня́ зову́т Ива́н Серге́евич? – А как фами́лия? – Петро́в.	– Как Вас зову́т? – Меня́ зову́т Мари́я Ивано́ва? – А как о́тчество? – Серге́евна.
Имя: _____ Фами́лия: _____ О́тчество: _____ Ф.И.О.: _____	Имя: _____ Фами́лия: _____ О́тчество: _____ Ф.И.О.: _____

◆ Сконструи́руйте диало́г на те́му «Знако́мство» и «Приве́тствие».

Имя: _____ Фами́лия: _____ О́тчество: _____	Имя: _____ Фами́лия: _____ О́тчество: _____

Говорить по–русски!

⭕ Прочитáйте диалóги. Переведи́те на корéйский язы́к. Впиши́те пропу́щенные словá.

– Как егó зову́т? – Егó зову́т Ми́ша. – Как её зову́т? – Её зову́т Ни́на.	
	– Как её зову́т? – Её зову́т Валенти́на Петрóвна. – Как егó зову́т? – Егó зову́т Ивáн Сергéевич.
– Как тебя́ зову́т? – Свéта. – А меня́ - Мáша. – Óчень прия́тно!	
	– Как Вас зову́т? – Меня́ зову́т Светлáна. – А меня́ – Мари́на. – Óчень прия́тно.
– Здрáвствуйте! – _____ – Как Вас зову́т? – _____ – А как Вас зову́т? – _____ – Óчень прия́тно! – _____	

Русский язык в мире

◗ Прочита́йте диало́ги.

Formal conversation	Formal conversation
– Здра́вствуйте! – До́брый день! – Как Ва́ши дела́? – Хорошо́, спаси́бо.	– Здра́вствуйте! – Здра́вствуйте! – Как дела́? – Норма́льно.
Formal conversation	**Informal conversation**
– До́брое у́тро! – Здра́вствуйте! – Как Ва́ши дела́? – Замеча́тельно, спаси́бо! – А как Ва́ши дела́? – Спаси́бо, всё хорошо́. – Всего́ до́брого! – До свида́ния!	– Приве́т! – Приве́т! – Как дела́? – Да -а-а, пло́хо. – Пра́вда? Почему́? Что случи́лось? – За́втра экза́мен. – Жела́ю уда́чи! – Спаси́бо. Пока́. – Пока́! Ещё уви́димся.

◗ Впиши́те пропу́щенные слова́ и выраже́ния.

Formal dialog	Informal dialog
– Здра́вствуйте! – _____ – Как Ваши дела? – _____ – А как Ваши дела? – _____ – До свидания! – _____	– _____ – Привет, Миша! – Нормально. _____ ? – Всё хорошо, спасибо. – _____ – Пока! – _____

Говорить по-русски!

– Добрый день Иван Сергеевич!	– Привет, Вера!
– _____ !	– А, здравствуй, Маша!
– Как Ваши дела?	– Как твои дела?
– _____ , спасибо!	– _____
– А как Ваши дела?	– А как твои дела?
– _____	– _____
– До свидания!	– Пока, завтра увидимся!
– Да, до свидания.	– Пока! До завтра!
– Увидимся завтра!	

⭕ Прочитайте вопросы. Найдите правильные ответы и укажите их.

Вопрос		Ответ
• Дмитрий, как Ваши дела?		• Отлично! А как твои дела?
• Света, как дела?		• Привет, Саша! Как дела?
• Маша, что случилось? Как твои дела?		• Прекрасно! А как твои дела?
• Мария Викторовна, как Ваши дела?		• Всё хорошо, Елена Николаевна, спасибо!
• Привет, Миша! Как дела?		• Спасибо, всё замечательно! А как Ваши дела?
• Лена, привет!		• Плохо, завтра экзамен.

УРОК 5. ЧТО ЭТО? - ЭТО ÓФИС.
5 과. 이것은 무엇입니까? – 이것은 사무실입니다.

Это óфис.

Это óфис. Здесь мой кабинéт. Здесь стол и крéсло. Спрáва компьютер и принтер. Это телефóн и факс. Здесь настóльная лáмпа и зéркало. Это картúна. Здесь тóже картúна и фотогрáфии. Слéва книжный шкаф. Там лежáт книги, пáпки, тетрáди и бумáга.

Это фотогрáфия. Здесь моя семья. Спрáва моя мáма. Её зовýт Натáлья Владúмировна. Онá врач. Это мой пáпа – Вúктор Николáевич. Он тóже врач. Слéва млáдший брат. Егó зовýт Юрий. Он студéнт. Рядом моя млáдшая сестрá. Её зовýт Юлия. Онá шкóльница. А это моя стáршая сестрá. Её зовýт Светлáна. Онá медсестрá.

ВОПРОСЫ К ТЕКСТУ

- Опишите кабинет Олега. Задайте вопросы к каждому предложению, согласно образцу: Что это? – Это офис. Что это? – Это кабинет.
- Расскажите о семье Олега. Как зовут маму Олега? Кто она? Как зовут отца Олега? Кто он? Как зовут брата и сестёр Олега? Кто они?

ДАВАЙТЕ ГОВОРИТЬ ПО-РУССКИ

- Покажите фотографии своей семьи.
  Расскажите о своей семье.

ДИАЛОГ

Олег:	Марина, здравствуйте. Проходите пожалуйста. Это мой офис, а это мой кабинет. Садитесь, пожалуйста. Вот кресло.
Марина:	Что это? Это картина?
Олег:	Нет, это фотография. Это моя семья.
Марина:	Кто это? Это Ваша старшая сестра?
Олег:	Нет, это не старшая сестра. Это моя мама.
Марина:	Как её зовут?
Олег:	Её зовут Наталья Владимировна.
Марина:	А это Ваш папа?
Олег:	Да, это мой папа.
Марина:	Как его зовут?
Олег:	Его зовут Виктор Николаевич.
Марина:	А кто это?
Олег:	Это мой младший брат. Его зовут Юрий.
Марина:	У Вас замечательная семья.

	Посмотрите, пожалуйста. Это Ваш кабинет. Вот стол и кресло, это компьютер. Это книжный шкаф.
Марина:	Что это? Это телефон?
Олег:	Нет, это не телефон. Это факс. А вот здесь телефон.

НОВЫЕ СЛОВА

СУЩЕСТВИТЕЛЬНЫЕ	NOUNS	명사			
книга	book	책	тетрадь	notebook	공책
газета	newspaper	신문	журнал	journal	잡지
карандаш	pencil	연필	ручка	handle	볼펜
картина	picture	그림	фотография	photo	사진
стол	table	테이블	стул	chair	의자
кресло	chair	안락의자	диван	sofa	소파
шкаф	enclosure	장롱	лампа	lamp	램프
компьютер	computer	컴퓨터	телевизор	TV	텔레비젼
камера	camera	카메라	фотоаппарат	camera	카메라
машина	machine	자동차	самолёт	plane	비행기
дом	home	집	здание	building	건물
квартира	apartment	아파트	комната	room	방
кабинет	cabinet	서재, 집무실	офис	office	사무실
окно	window	창문	дверь	door	문
жена	wife	아내	муж	husband	남편
дочь	daughter	딸	сын	son	아들
сестра	sister	자매	брат	brother	형제
родители	parents	부모	семья	family	가족

дéдушка	grandfather	할아버지	бáбушка	grandmother	бáбушка 할머니
внук	grandson	손자	внýчка	granddaughter	손녀
Мать, мáма	mother	어머니, 엄마	Отéц, пáпа	father	아버지, 아빠

НÓВЫЕ ВЫРАЖÉНИЯ:

- Кто Это? Это млáдшая сестрá?
- Нет, Это не млáдшая сестрá. Это стáршая сестрá.

ДАВÁЙТЕ ГОВОРИ́ТЬ ПО-РУ́ССКИ!

- Чтó этó? Это банк? - Да, Это банк. - А что это? - Это тóже банк? - Нет, это не банк, это óфис.	
	-이것은 무엇입니까? 이것은 자동차입니다. -그리고 이것은 무엇입니까? -이것 또한 자동차입니다. -그리고 이것은 무엇입니까?
- Кто это? Это студéнт? - Да, это студéнт. - А кто это? - Это тóже студéнт. - Нет, это не студéнт. - Это врач.	

Что э́то?

Э́то компью́тер.

А э́то телефо́н и видеока́мера.

Э́то компью́тер, телефо́н и видеока́мера.

Э́то компью́тер?

Да, э́то компью́тер.

А что э́то? Э́то то́же компью́тер.

ГРАММАТИ́ЧЕСКИЙ КОММЕНТА́РИЙ

러시아어 문법을 공부하다 보면 격이라는 것을 볼 수 있다. 이것은 모든 슬라브어족에 공통적으로 적용된다. 러시아어의 격은 6종류로 나뉘며, 격에 따라 사용하는 문법이 서로 다르다. 그리고 격 변화에 따라 명사의 변화도 서로 다르다.

주격설명

러시아어에서 주격은 질문에 대한 대답을 의미한다 (예를들자면 Кто́ э́то? (이 사람은 누구입니까?), Что́ э́то? (이것은 무엇입니까?) 대체로 러시아어에서 주격은 격변화 중 가장 쉬운 격변화이다. 의미는 "~은/는/이/가"을 의미한다.

그리고 주체를 자신이나 다른사람으로 표현할때 사용한다. 영어에서도 주격은 "Who (what) is this? This is …."라는 표현처럼 러시아어도 "Кто́ э́то? 이것은 누구 입니까?) Э́то……(이것은 ~입니다) "라고 표현한다.

영어의 Is this …? Yes, this is …에 해당되는 표현은 Э́то …? Да, э́то… (이것은 …입니까? 네, …입니다) 이다. 대체로 주격변화는 쉽다. 예를 들자면 영어의 Who is this? This is wife에 해당되는 표현은 Кто́ э́то? 사람은 누구입니까? – Э́то жена́ 이 사람은 아내입니다) 이다. 아래의 예를 더들어보자면 Кто́ э́то? Э́то брат. 이사람은 누구 입니까? 이 사람은 형입니다."

Одушевлённые и неодушевлённые существительные.

위의 예처럼 주격변화는 질문하는것에 대해 그에 대한 물음이다. 대체로 보통명사의 처음형태가 주격으로이용된다. 러시아어는 사람과 사물의 구별을 활동체와 불활동체의 개념으로 구분한다. 고양이는 사람이 아니어서 사물로 구분하기 쉽지만, 러시아어에선 사람처럼 취급한다. кто중는 who는 это는 what에 해당된다. 주격만 사용할경우에는 동사를 사용하지 않아도 된다.

Кто́ это? 이 사람은 누구입니까?	**Что́ это?** 이것은 무엇입니까?
Это дру́г	Это зада́ние.
이 사람은 친구입니다.	이것은 과제입니다.
Это дру́г? - Да, э́то дру́г.	Это зада́ние? - Да, э́то зада́ние.
이 사람은 친구입니까? 네, 이 사람은 친구입니다.	이것은 과제입니까? 네, 이것은 과제입니다.

Кто это?	Что это?
이분은 누구입니까?	이것은 무엇입니까?
Who is this?	What is this?

물음 **кто?** 는 사람이나 동물을 지칭하는 활성명사에 사용되며, **что?** 는 사물을 지칭하는 비활성명사에 사용된다.

Что это? Это фонта́н.

ЭТО... THIS IS ...

Кто это?	Who is this?	Это мама.	This is a
이 분은 누구입니까?		이 분은 제 엄마입니다.	
Что это?	What is this?	Это банк.	This is a bank.
이것은 무엇입니까?		이것은 은행입니다.	

кто? 는 사람이나 동물을 지칭하는 활성명사에 사용되며,
что? 는 사물을 지칭하는 비활성명사에 사용된다.

Кто это?	Что это?
이분은 누구입니까?	이것은 무엇입니까?
Who is this?	What is this?

Кто это? [kto eta?]	Что это? [shto eta?]
이분은 누구입니까?	이것은 무엇입니까?
Это ма́ма.	**Это видеока́мера.**
이분은 제 엄마입니다.	이것은 비디오 카메라입니다.
Это па́па.	**Это маши́на.**
이분은 제 아빠입니다.	이것은 자동차입니다.
Это брат.	**Это телефо́н.**
이 사람은 동생 / 오빠입니다.	그것은 전화입니다
Это сестра́ [sistra]	**Это банк.**
이사람은 동생 / 누나입니다.	이것은 은행입니다
Это ба́бушка (grandmother)	**Это о́фис.**
이 분은 할머니입니다.	이것은 사무실입니다.
Это де́душка (grandfather)	**Это компью́тер.**
이 분은 할아버지입니다.	이것은 컴퓨터입니다.

	Нет, это не компьютер.
Да, это **компьютер**.	**Это** телефон.

This/That is a ….." (Это …..)

This/That is a …." (Это …..) and "Is this/that a ….?" (Это ….?). The question is formed simply by the tone of voice which we also do in English, rising at the end to indicate a question. Это книга. (This is a book.) Это книга? (Is this a book?).

Russian begins to get difficult because the ending of words can change in a myriad of ways, but to begin with, when the root word gets changed, therés no need for any explanation if the idea is clear. - Кто это? (Whós this/that?) - Это Мария. (That's Mariya.)

Это компьютер? (이것은 컴퓨터입니까?)	
	Нет, это не компьютер.
Да, это **компьютер**.	**Это** телефон.

Что \ Кто это? Это _____ ?	
Да, это _____ ?	**Нет, это не** _____ ? Это _____ ..
(Что \ Кто) Что это? Это компьютер? (компьютер \ телефон)	
이것은(무엇\누구) 입니까? 이것은 무엇입니까? 이것은 컴퓨터입니까?	
Да, это компьютер.	Нет, это не компьютер. Это телефон.
예, 컴퓨터입니다.	아니요, 그것은 컴퓨터가 아닙니다.

Is this a computer?	Yes, this is a computer.	No, this is not a computer. This is a telephone.
	Да, это…	Нет, это не…. Это….

이것은 컴퓨터입니까?	네, 컴퓨터입니다.	아니요, 그것은 컴퓨터가 아닙니다. 그것은 전화기입니다.	
	Да, это…	**Нет,** это **не**….	**Это**….
	Э́то ба́нк?		
Да, **Э́**то **ба́нк**.		**Нет, это не** банк. Это о́фис.	
	Э́то видеока́мера?		
Да, это **видеока́мера**.		**Нет, это не** видеока́мера. Это фотока́мера.	
	Э́то маши́на?		
Да, это **маши́на**.		**Нет, это не** маши́на. Это компью́тер.	
	Э́то телефо́н?		
Да, это **телефо́н**.		**Нет, это не** телефо́н. Это факс.	
	Э́то сестра́?		
Да, это **сестра**.		**Нет, это не** сестра. Это мама.	
	Э́то о́фис?		
Да, это **о́фис**.		**Нет, это не** о́фис. Это ба́нк.	
	Э́то ма́ма?		
Да, это **ма́ма**.		**Нет, это не** ма́ма. Это сестра́.	

The Conjunctions и, а, но

Союзы и, а,

- **The Conjunction и** To link similar members denoting different persons, objects, phenomena, events, actions, means of action, properties, etc., we use the conjunction и, the most frequently used word in the Russian language.

- **The Conjunction а** The conjunction а is one of the most frequently used, it expresses a wide range of various relations: comparison, juxtaposition and conjunction, sometimes shifting in meaning towards the conjunction но, sometimes towards the conjunction и.
- Similarly, learning when to use „и (and) and „á (and, but) becomes mostly instinctive after hearing it and using it many times in a variety of situations.

Это книга и это (тоже) книга. (This is a book and this (also) a book.)
Это книга, а это журнал. (This is a book and this is a magazine.)

- If you learn "Мне тоже." first, then it's very likely you'll use it when you should use "Я тоже." simply because you've made an 'm' connection to English and are thinking in English.

Это тоже офис.

Что \ Кто это?	Это компьютер? Да, это компьютер.	А что это? Это тóже компьютер
이것은(이분은) 무엇(누구) 입니까?	이것은 컴퓨터입니까? 예, 컴퓨터입니다.	그리고 이것은 무엇입니까? 이것 또한 컴퓨터입니다.

What (who) is this?	Is this a table? Yes, this is a table.	And what is this? This is a table too.
Что \ Кто это?	Это стóл? Да, это стол.	А что это? Это тóже стол.

이것은 무엇입니까?	이것은 컴퓨터입니다. 그리고 이것은 전화입니다.	이것은 컴퓨터와 비디오 카메라입니다.
Что \ Кто это?	Это компьютер. А это телефóн.	Это компьютер и видеокáмера.
	Это …. А это…	Это … и ….

What \ Who is this?	This is a table. So, and this is a cheer.	This is a table and a cheer.
Что \ Кто это?	**Это** стол. **А** это кресло. Это …. **А** это…	**Это** стол **и** кресло. Это … **и** ….

УПРАЖНЕ́НИЯ

🔸 Зада́йте вопро́с. Напиши́те отве́т.

(Что \ Кто) это?	Что это?	О́фис	Это офис.
(Что \ Кто) это?		Видеока́мера	
(Что \ Кто) это?		Ма́ма	
(Что \ Кто) это?		Телефо́н	
(Что \ Кто) это?		Ба́бушка	
Это компью́тер? (이것은 컴퓨터입니까?)			

Is this acomputer?	Yes, this is a computer.	No, this is not a computer. This is a telephone.
	Да, это…	Нет, это не…. Это….

이것은 컴퓨터입니까?	네, 컴퓨터입니다.	아니요, 그것은 컴퓨터가 아닙니다. 그것은 전화기입니다.
	Да, это…	Нет, это не…. Это….

Говорить по-русски!

⬢ Опишите офис. Составьте диалог, используя рисунок и грамматические конструкции «Что это», «Нет, это не», «Это тоже» и др.

Это о́фис.

Что это? Это
1. Стол
2. Кре́сло
3. Компью́тер
4. Шкаф
5. Окно́
6. Карти́на
7. Ла́мпа.

Это то́же о́фис.

Что \ Кто это?	Это компью́тер? Да, это компью́тер.	А что это? Это то́же компью́тер
이것은(이분은) 무엇(누구) 입니까?	이것은 컴퓨터입니까? 예, 컴퓨터입니다.	그리고 이것은 무엇입니까? 이것 또한 컴퓨터입니다.

What (who) is this?	Is this a table? Yes, this is a table.	And what is this? This is a table too.
Что \ Кто это?	Это стол? Да, э́то стол.	А что э́то? Это то́же стол.

이것은 무엇 입니까?	이것은 컴퓨터입니다. 그리고 이것은 전화입니다.	이것은 컴퓨터와 비디오 카메라입니다.
Что \ Кто это?	Это компью́тер. А это телефо́н.	Это компью́тер и видеока́мера.
	Это …. А это…	Это … и ….

What \ Who is this? Что \ Кто это?	This is a table. So, and this is a cheer. Это стол. А это кре́сло.	This is a table and a cheer. Это стол и кре́сло.
	Это …. А это…	Это … и ….

Говори́ть по-ру́сски!

🔸 Чита́ем диало́г.

Что э́то? 　Э́то компью́тер. 　А э́то телефо́н и видеока́мера. 　Э́то компью́тер, телефо́н и видеока́мера. Э́то компью́тер? 　Да, э́то компью́тер. А что э́то? 　Э́то то́же компью́тер.	이것은 무엇입니까? 　이것은 컴퓨터입니다. 　그리고 이것은 전화기와 비디오 카메라입니다. 　이것은 컴퓨터, 전화기, 비디오 카메라입니다. 이것은 컴퓨터입니까? 　네, 컴퓨터입니다. 그리고 이것은 무엇입니까? 　이것 또한 컴퓨터입니다.

🔸 Сконструи́руйте свои́ диало́ги по образцу́. Зада́йте пра́вильно вопро́с. Напиши́те отве́ты.

Образе́ц: (карти́на) (Что \ Кто) Что э́то? Э́то карти́на. А что э́то? Э́то то́же карти́на.

1. (Что \ Кто)　тетра́дь
2. (Что \ Кто)　журна́л
3. (Что \ Кто)　ру́чка
4. (Что \ Кто)　фотогра́фия
5. (Что \ Кто)　стул
6. (Что \ Кто)　дива́н
7. (Что \ Кто)　ла́мпа
8. (Что \ Кто)　телеви́зор
9. (Что \ Кто)　фотоаппара́т
10. (Что \ Кто)　самолёт
11. (Что \ Кто)　зда́ние
12. (Что \ Кто)　ко́мната
13. (Что \ Кто)　о́фис

14. (Что \ Кто)   дверь
15. (Что \ Кто)   муж
16. (Что \ Кто)   сын
17. (Что \ Кто)   брат

Впишите пропущенные словá и выражéния

(Что \ Кто) Чтó э́то? Э́то стол? (стол, крéсло)	
Да, э́то стол. А э́то крéсло.	Э́то стол и крéсло.
_____ э́то? Э́то кáмера? (кáмера, телефóн)	
Да, э́то …….. А э́то ……….	Э́то ………… и ……….
_____ э́то? Э́то рýчка? (рýчка, карандáш)	
_____ э́то? Э́то пáпка? (пáпка, кни́га)	
_____ э́то? Э́то газéта? (газéта, журнáл)	

Читáем диалóги

Что э́то? 　Э́то маши́на. А что э́то? 　Э́то тóже маши́на. А э́то что? Э́то тóже маши́на? 　Нет, э́то не маши́на. 　Э́то компью́тер.	이것은 무엇입니까? 　이것은 자동차입니다. 그리고 이것은 무엇입니까? 　이것 또한 자동차입니다. 그리고 이것은 무엇입니까? 이것 또한 자동차입니까? 　아니요, 이것은 자동차가 아닙니다. 　이것은 컴퓨터입니다.

Говорить по-русски!

❯ Это ____ или ____?

OR ИЛИ	Is this a lake OR a sea? 이것은 호수 또는 바다 중 무엇입니까?	This is a lake. 이것은 바다입니다.
	Это о́зеро или мо́ре?	Это о́зеро.
OR ИЛИ	Is this a ____ OR a ____. (N or N)	This is a ____.
	Это ____ или ____?	Это ____.

❯ Впиши́те пропу́щенные слова́ и выраже́ния.

О́зеро

Это о́зеро или мо́ре?
Это о́зеро.
Это о́зеро Кёнпо.

Мо́ре

Это мо́ре или о́зеро?
Это мо́ре.
Это Восто́чное мо́ре.

Де́рево

Это сосна́ или кедр?
Это сосна́.
Это де́рево – сосна́.
Сосна́ – это де́рево.

Что \ Кто э́то? Э́то _____ ?	
Да, это _____ ?	Нет, это не _____ ? Это _____ ..
(Что \ Кто) Что это? Это компью́тер? (компью́тер \ телефо́н)	
이것은(무엇 / 누구) 입니까? 이것은 무엇입니까? 이것은 컴퓨터입니까?	
Да, э́то компью́тер.	**Нет, э́то не компью́тер. Это телефо́н.**
예, 컴퓨터입니다.	아니요, 그것은 컴퓨터가 아닙니다. 이것은 전화기입니다.

🠖 Зада́йте пра́вильно вопро́с. Напиши́те утверди́тельный и отрица́тельный отве́т.

Образе́ц: (Что \ Кто) (ру́чка \ каранда́ш) Что э́то? Это ру́чка? Да, э́то ру́чка. Нет, э́то не ру́чка. Это каранда́ш.

1. (Что \ Кто)   (фотогра́фия \ карти́на)
2. (Что \ Кто)   (сестра́ \ ма́ма)
3. (Что \ Кто)   (о́зеро \ мо́ре)
4. (Что \ Кто)   (банк \ о́фис)
5. (Что \ Кто)   (журна́л \ газе́та)
6. (Что \ Кто)   (па́пка \ кни́га)
7. (Что \ Кто)   (окно́ \ дверь)

🠖 Сконструи́руйте свои́ диало́ги по образцу́. Зада́йте пра́вильно вопро́с. Напиши́те отве́ты.

Образе́ц: (Что \ Кто) Что́ э́то? Это стол? (стол, кре́сло). Да, э́то стол. А э́то кре́сло. Это стол и кре́сло.

1. (Что \ Кто)   тетра́дь, кни́га
2. (Что \ Кто)   журна́л, газе́та
3. (Что \ Кто)   ру́чка, каранда́ш
4. (Что \ Кто)   фотогра́фия, карти́на

5. (Что \ Кто) стул, стол
6. (Что \ Кто) дива́н, кре́сло
7. (Что \ Кто) ла́мпа, фотогра́фия
8. (Что \ Кто) телеви́зор, компью́тер
9. (Что \ Кто) фотоаппара́т, видеока́мера
10. (Что \ Кто) самолёт, по́езд
11. (Что \ Кто) зда́ние, вера́нда
12. (Что \ Кто) ко́мната, кабине́т
13. (Что \ Кто) о́фис, фи́рма
14. (Что \ Кто) дверь, окно́
15. (Что \ Кто) муж, жена́
16. (Что \ Кто) сын, дочь
17. (Что \ Кто) брат, сестра́

◑ **Переведите диалоги на русский язык.**

1. 이것은 무엇입니까?
   이것은 컴퓨터입니다.
   그리고 이것은 전화기와 비디오 카메라입니다.
   이것은 컴퓨터, 전화기와 비디오 카메라입니다.
   이것은 컴퓨터입니까?
   네, 컴퓨터입니다.
   그리고 이것은 무엇입니까?
   이것 또한 컴퓨터입니다.

2. 이분은 누구입니까?
   이분은 의사입니다.
   그리고 이분은 누구입니까?
   이분도 의사입니다.
   그리고 이분은 누구입니까? 이분도 의사입니까?
   아니요, 이분은 의사가 아니고, 간호사입니다.

3. 이것은 무엇입니까?
   이것은 그림입니다.

이분은 누구입니까?
이분은 할머니입니다.
이분은 할아버지입니다.
이분들은 할머니와 할아버지입니다.

4. 이것은 무엇입니까?
이것은 자동차입니다.
그리고 이것은 무엇입니까?
이것 또한 자동차입니다.
그리고 이것은 무엇입니까?
이것 또한 자동차입니까?
아니요, 이것은 자동차가 아닙니다.
이것은 컴퓨터입니다.

Читáем диалóги

이것은 무엇입니까?
    이것은 그림입니다.
이분은 누구입니까?
    이분은 할머니입니다.
    이분은 할아버지입니다.
    이분들은 할머니**와**
    할아버지입니다.
	Что э́то?
	    Э́то фотогрáфия.
	Кто э́то?
	    Э́то бáбушка.
	    Э́то дéдушка.
	    Э́то бáбушка **и**
	    дéдушка.

Говорить по-русски!

🔸 Перепишите диалоги в тетрадь.
   Сконструируйте свой диалог по образцу.

🔸 Читаем диалоги.

- Кто это? 　Это врач. - **А** кто это? 　Это **тоже** врач. - А кто это, это **тоже** врач? 　Нет, это не врач, это медсестра.	– 이분은 누구입니까? 　이분은 의사입니다. – **그리고** 이분은 누구입니까? 　이분**도** 의사입니다. – 그리고 이분은 누구입니까? 　이분도 의사입니까? 　아니요, 이분은 의사가 아니고, 간호사입니다.

Русский язык в мире

🟠 Переведите диалоги

– Что это? Это банк? – Да, это банк. – А что это. Это тоже банк? – Нет, это не банк, это офис.	

	– 이것은 무엇입니까?
	  이것은 자동차입니다.
	– 그리고 이것은 무엇입니까?
	– 이것 또한 자동차입니다.
	  그리고 이것은 무엇입니까?

– Кто это? Это студент? – Да, это студент. – А кто это? – Это тоже студент? – Нет, это не студент. – Это врач.	

УРОК 6. ЭТО ДАЛЕКО? – НЕТ, ЭТО НЕ ДАЛЕКО?
6 과. 여기서 먼가요? – 아니요, 여기서 멀지 않아요.

Виртуа́льное путеше́ствие.

Это ка́рта «Google». Это Росси́я. Это о́чень больша́я и краси́вая страна́. Это Москва́ – столи́ца Росси́и. Это Санкт – Петербу́рг. Сле́ва – Евро́па. Вот По́льша и Финля́ндия. Это недалеко́. Здесь Фра́нция, Герма́ния, Ве́нгрия и А́встрия. А там – Великобрита́ния. А это росси́йские города́: Но́вгород, Яросла́вль. Вот Новосиби́рск и Ирку́тск. А это о́зеро Байка́л. Это го́род Владивосто́к. Он о́чень далеко́. Спра́ва – Япо́ния. Но Владивосто́к и Сеу́л – бли́зко.

ВОПРО́СЫ И ЗАДА́НИЯ К ТЕ́КСТУ

❖ Откро́йте ка́рту «Google». Найди́те города́ и стра́ны, о кото́рых говори́тся в те́ксте.

ДАВА́ЙТЕ ГОВОРИ́ТЬ ПО-РУ́ССКИ

❖ Расскажи́те в како́м го́роде Вы живёте? Покажи́те его́ на ка́рте.

— Э́то шкаф. А там стол. — Где стол? — Вон там.	
	— Где Ми́ша? — Ми́ша до́ма. — А где А́нна. — А́нна то́же до́ма.
Э́то ко́мната. Там картина. Здесь фотогра́фия. Здесь па́па и ма́ма. Там брат. Тут сестра́. Семья́ до́ма.	
	— Э́то фотогра́фия. Здесь па́па, ма́ма, сестра́. А там ба́бушка и де́душка. — Где де́душка? — Вон та́м.

ДИАЛÓГ

ВИРТУÁЛЬНОЕ ПУТЕШÉСТВИЕ

🡒 Прочитáйте диалоги.

—Это компью́тер. Это Интернéт.
—Это кáрта «Google». Вот Респýблика Корéя.

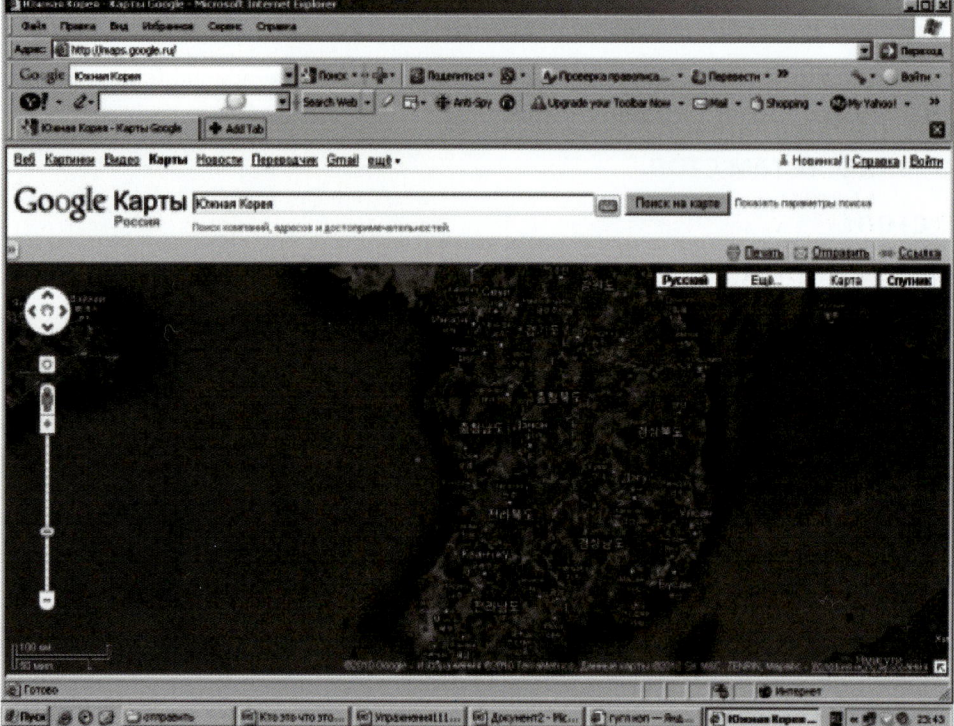

— Вот Сеул.[1] ⟶ [2]— Да, а там Пусан и Кёнжу.
— А где Вонжу?[1] ⟶ [2]— Вонжу? Вон там.
— Да, далекó.[1] ⟶ [2]— Нет, не очень.

Русский язык в мире

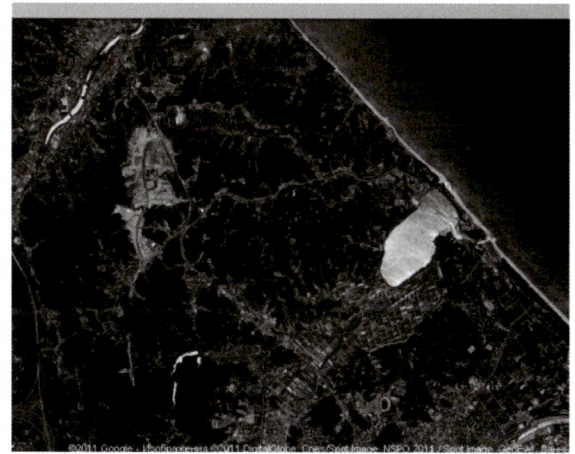

– Здесь Канны́н.
– А здесь о́зеро Кёнпо?
– Нет, не здесь.
– Вот о́зеро Кёнпо́.
– Вот университе́т.
– Как интере́сно!

– Это университе́т.
– Вот библиоте́ка.
– А там стадио́н
– Это общежи́тие.
– А вот мой дом.
– А где Росси́я?

– Вот Россия.
– А где Москва?
– Вот здесь Москва. А там Владивосток.
– Москва далеко, а Владивосток близко.
– Это озеро Байкал.
– Интересно?
– Да, это очень интересно.

⇨ Откройте «Google maps». Покажите город, в котором вы живёте.

НОВЫЕ СЛОВА

Города и страны				
조국, 고향		Родина	
Корея	한국	Россия	러시아
Сеул	서울	Москва	모스크바
Пусан	부산	Санкт-Петербург	상트 – 페테르부르크
Каннын	강릉	Владивосток	블라디 보스 토크
Страна	국가	Столица	수도

Страны					
Америка	America	미국	Мексика	Mexico	멕시코
Англия	England	영국	Норвегия	Norway	노르웨이
Аргентина	Argentina	아르헨티나	Россия	Russia	러시아
Бразилия	Brazil	브라질	Сирия	Syria	시리아
Германия	Germany	독일	Финляндия	Finland	핀란드
Египет	Egypt	이집트	Франция	France	프랑스
Индия	India	인도	Швейцария	Switzerland	스위스

Испа́ния	Spain	스페인	Шве́ция	Sweden	스웨덴
Ита́лия	Italy	이탈리아	Эфио́пия	Ethiopia	에티오피아
Кита́й	China	중국	Ю́жная Коре́я	South Korea	대한민국
Ли́вия	Libya	리비아	Япо́ния	Japan	일본

Ме́сто, расстоя́ние, ориента́ция в простра́нстве. Где? (어디에?)			
далеко́	멀리	бли́зко	가까운
так далеко́	매우 멀리	так бли́зко	매우 가까운
как далеко́	매우 멀리	как бли́зко	매우 가까운
о́чень далеко́	매우 멀리	о́чень бли́зко	매우 가까운
там	거기에	здесь	여기에
вон там	저곳에	вот	여기에
где?	어디에?	тут	여기에
интере́сно	재미있는	так интере́сно	매우 재미있는
как интере́сно	매우 재미있는	о́чень интере́сно	매우 재미있는

ГРАММАТИ́ЧЕСКИЙ КОММЕНТА́РИЙ

This is a room. Э́то ко́мната.	Here is a photo. Here is a sister. Mummy is there. Mummy is at home.	Brother is there. Where is a brother? Brother is over there. Brother is at home too.
Where is a room? Here it is. Где ко́мната? Вот здесь.	Э́то фотогра́фия. Здесь (тут) сестра́. Ма́ма там. Ма́ма до́ма. 이것은 사진입니다. 여기에 언니가 있다. 저기에 엄마가 있다. 엄마가 집에 있다.	Там брат. Где брат? Брат вон там. Брат то́же до́ма. 동생이 저기있다. 오빠는 어디에 있습니까? 오빠는 저기에 있다. 오빠 또한 집에 있다.

ТАМ = ВОН ТАМ, ТУТ = ЗДЕСЬ

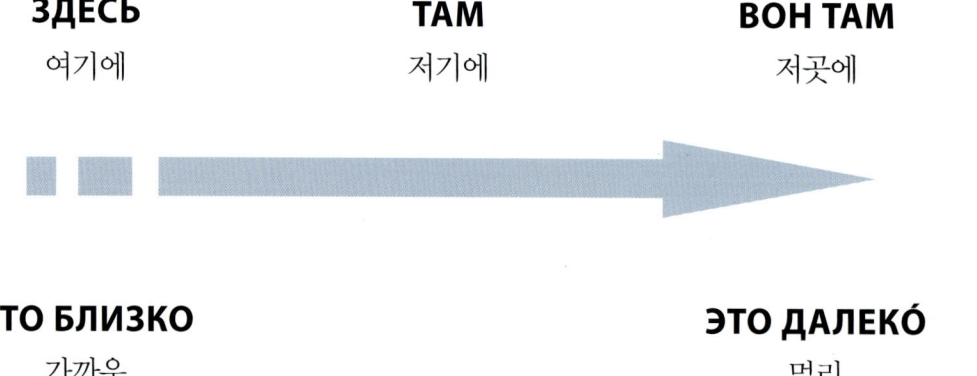

УПРАЖНЕ́НИЯ

▶ Прочита́йте текст. Перепиши́те его́ в тетра́дь.
Переведи́те его́ на коре́йский язы́к.

Э́то о́фис. Здесь компью́тер, телефо́н, видеока́мера. Вот стол и кре́сло. Тут ру́чка и каранда́ш. Там шкаф. Вон там карти́на, а вот фотогра́фия.

▶ Зада́йте вопро́сы и да́йте на них отве́ты.

Герма́ния.

– Вот ка́рта.
– (Герма́ния) Это Герма́ния?
– (Герма́ния, Фра́нция) Нет, это не Герма́ния. Это Фра́нция.
– (Герма́ния) А где **нахо́дится** Герма́ния?
– (Герма́ния, Финля́ндия). Герма́ния **нахо́дится вот здесь, а вон там** Финля́ндия.

Ю́жная Коре́я.

– … … … .
– (Ю́жная Коре́я)… … … .?
– (Ю́жная Коре́я, Кита́й) … … ….
– (Ю́жная Коре́я)… … … … …..?
– (Ю́жная Коре́я, Росси́я)… … … … … … … …

Кита́й.

– … … … .
– (Кита́й)… … … .
– (Кита́й, И́ндия) … … …?
– (Кита́й)… … … … …..
– (Кита́й, Еги́пет)… … … … … … … …

Швéция.

– … … … .
– (Швéция)… … … .
– (Швéция, Швейцáрия) … … …?
– (Швéция)… … … … ….
– (Швéция, Норвéгия)… … … … … … …

Óзеро.

– … … … .
– (Óзеро)… … … .
– (Óзеро, мóре) … … …?
– (Óзеро)… … … … ….
– (Óзеро, рекá)… … … … … … .

ЗДЕСЬ	ТАМ	ВОН ТАМ
여기에	거기에	저곳에
Да, близко.	Да, не далекó.	Óчень далекó!

Москва	Санкт – Петербург	Владивосток
Сеул	Инчхон	Каннын
Каннын	Сокчо	Пусан

УРОК 7. ЭТО МАРИ́Я. ОНА́ РОССИЯ́НКА.
7 과. 이분은 마리아입니다. 그녀는 러시아 사람입니다.

Знако́мьтесь, э́то мои́ друзья́.

Э́то Мари́на. А э́то её друзья́. Познако́мьтесь, пожа́луйста. Э́то Макси́м. Он ру́сский, москви́ч. Э́то Мари́я. Она́ то́же ру́сская. Э́то Сти́вен. Он америка́нец. Э́то Ки́рэн. Он австрали́ец. Э́то Ту Янг Мэй. Она́ китая́нка. Э́то Ми́на. Она́ корея́нка. Э́то Ке́йко. Она́ япо́нка.

Э́то Брани́та. Она индиа́нка. Э́то Эржбе́т. Она́ венге́рка. Э́то Кристиа́на. Она́ италья́нка. Э́то Элизабет. Она́ англича́нка. Э́то на́ше общежи́тие. Оно́ не о́чень большо́е. Посмотри́те, вот там, спра́ва, моё окно́. Сейча́с оно́ откры́то.

ВОПРО́СЫ И ЗАДА́НИЯ К ТЕ́КСТУ

❖ Расскажи́те о друзья́х Мари́ны. Как их зову́т? Кто они́?

ДАВА́ЙТЕ ГОВОРИ́ТЬ ПО-РУ́ССКИ

❖ Расскажи́те о свои́х друзья́х. Как их зову́т? Кто они́?

ДИАЛО́Г

Мари́на: Оле́г, познако́мьтесь, пожа́луйста.
Э́то мои́ друзья́.
Э́то Макси́м. Он россия́нин. Э́то Мари́я.
Она́ то́же россия́нка.

Оле́г: О́чень прия́тно.

Мари́на: Э́то Ке́йко. Она́ япо́нка. А э́то Ки́рэн. Он австрали́ец.

Оле́г: Рад познако́миться.
Мари́на, а кто э́та де́вушка. Как её зову́т?

Мари́на: Кака́я? Спра́ва?

Оле́г: Нет, сле́ва.

Мари́на: Её зову́т Ми́на. Она́ корея́нка.
А спра́ва стои́т Кристиа́на. Её подру́га. Она́ италья́нка.

Мари́на: Э́то Ту Янг Мэй. Она́ китая́нка.

Оле́г: Рад познако́миться. Э́то Брани́та?

Мари́на: Да, пра́вильно. Э́то Брани́та. Вы уже́ знако́мы?

Оле́г: Да, коне́чно. Я её зна́ю. Она́ индиа́нка.

Мари́на: Э́то мои́ друзья́.
Мы вме́сте изуча́ем иностра́нные языки́.

НО́ВЫЕ СЛОВА́

Америка́нка	American woman	미국사람 (여자)
Англича́нка	English woman	영국사람(여자)
Бразилья́нка	Brazilan woman	브라질사람(여자)
Не́мка	Germanwoman	독일사람(여자)
Египтя́нка	Egyptian woman	이집트사람(여자)
Индиа́нка	Indian woman	인도사람(여자)
Испа́нка	Spanish woman	스페인사람(여자)
Италья́нка	Italian woman	이탈리아사람(여자)
Мексика́нка	Mexican woman	멕시코사람(여자)
Россия́нка	Russian woman	러시아사람(여자)
Францу́женка	French woman	핀란드사람(여자)
Шве́дка	Swedish woman	스웨덴사람(여자)
Корея́нка	South Korea woman	대한민국사람(여자)
Япо́нка	Japanese woman	일본사람(여자)
Китая́нка	Chinese woman	중국사람(여자)

ГРАММАТИ́ЧЕСКИЙ КОММЕНТА́РИЙ

РОД СУЩЕСТВИ́ТЕЛЬНЫХ (GENDER OF NOUNS)

МУЖСКО́Й РОД	ЖЕ́НСКИЙ РОД	СРЕ́ДНИЙ РОД
ОН	ОНА́	ОНО́
Masculine*	Feminine	Neuter
КТО? ЧТО?	КТО? ЧТО?	ЧТО?

-	компью́тер 컴퓨터	-а	кни́га 책	-о	о́зеро 호수
-й	музе́й 박물관	-я	ста́нция 역	-е	мо́ре 바다
-ь	слова́рь 사전	-ь	тетра́дь 공책	-мя	вре́мя 시간
!	Па́па, де́душка 아빠, 할아버지!	* Means that at the end of word may be any consonant - банк, магазин, студент… … … – 은행, 가게, 학생…			

МУЖСКО́Й РОД		ЖЕ́НСКИЙ РОД	
ОН **Masculine** КТО?		ОНА́ **Feminine** КТО?	
-	Врач_ 의사 Па́вел_ Юри́ст_	-а	Медсестра́ 간호사 Кари́на Учи́тельница
-й	Дми́трий	-я	Мари́я

명사의 성

러시아어 명사는 성 (**род**)에 따라 남성, 여성, 중성 세 부류로 나뉜다. 대체로 러시아어의 남성 명사와 여성 명사, 중성 명사는 구별하기가 쉬우며, 주로 어미에 의해 결정된다.

전형적인유형

일반적으로 대부분의 경우 남성 명사는 어말이 경자음이나 **й**으로 끝나고, 여성 명사는 -а(-я), 중성 명사는 -о(-ё)나 -е로 끝난다. **мя**등과 다른 예외적인 경우가 많기 때문에, 여기서는 대표적인 것만 소개한다.

남성	여성	중성
ле́с 숲	страна́ 나라	права́ 권리
го́род 도시	земля́ 땅, 토지	ружьё 권총
дом 집/건물	Ро́дина 조국	мо́ре 바다
музе́й 박물관	дере́вня 농촌, 시골	зда́ние 건물
край 지방/가장자리	а́рмия 군대	по́ле 들판/들

-мя로 끝나는 중성명사

러시아어에서 어미가 -мя로 끝나는 경우에는 중성명사로 취급한다. 하지만 이러한 경우는 10가지밖에 안되기 때문에, 그다지 많지 않다. 아래의 단어를 예로 들자면, -мя로 끝나는 중성명사는 и́мя 이름, вре́мя 시간, зна́мя 깃발, пла́мя 불길, се́мя 종자/씨앗, те́мя 정수리등이 있다.

예외유형

러시아어에는 예외 유형이 있다. 일부가 이렇게 예외로 취급된다.

- Пальто́ 외투, метро́ 지하철, кино́ 영화, бюро́ 사무소, жюри́ 배심원, пари́ 내기, боа́ 모피목도리.
- 주의, 커피를 뜻하는 ко́фе(꼬훼)는 중성명사가 아니라 남성명사로 취급한다.
- 어미 ь가 붙는경우: ь가 붙는 경우에 따라 남성, 여성으로 나뉜다.

남성	여성
день 날/하루	тень 그늘
ого́нь 불	жи́знь 생활
у́голь 석탄	сталь 강철
чита́тель 독자	ро́жь 보리
писа́тель 작가	тушь 먹물/마스카라
выключа́тель 스위치	ночь 밤
янва́рь 1월	ра́дость 기쁨
февра́ль (훼브랄) 2월	степь 초원
апре́ль 4월	любо́вь 사랑

Говорить по-русски!

사람을 나타내는 명사: 이 때는 명사가 여성명사나 남성명사에 따라 명사의 영향을 받는다. 그리고 이 경우에는 어미의 영향을 받지 않는다.

남성	여성
мужчина 남자	женщина 여자
де́душка 할아버지	ба́бушка 할머니
оте́ц 아버지	мать 어머니
па́рень 청년	де́вушка 아가씨

ЛИ́ЧНЫЕ МЕСТОИМЕ́НИЯ (PERSONAL PRONOUNS)

Я	ТЫ	МЫ	ВЫ	ОН	ОНА́	ОНО́	ОНИ́
[ya]	[ty]	[my]	[vy]	[on]	[ana]	[ano]	[ani]
I	You	We	You	He	She	It	They

단수					복수		
Я	ТЫ	ОН	ОНА́	ОНО́	МЫ	ВЫ	ОНИ́
나는	너는	그는	그녀는	그것은	우리들은	너희들은	그들은

УПРАЖНЕ́НИЯ

◯ Прочита́йте и переведи́те предложения.

1. Кто э́то? - Э́то я.
2. Э́то ты? – Да, э́то я.

3. Пак Джисо́н, э́то ты? – Да, э́то я.
4. Кто э́то? - Это сестра́. Это она́.
5. Кто э́то? - Это па́па. Это он.
6. Кто э́то? – Это па́па и ма́ма. Это роди́тели. Это они́.
7. Кто э́то? Это Вы, Серге́й? – Да, Э́то я.

⊙ Прочита́йте вопро́с. Да́йте кра́ткий положи́тельный и отрица́тельный ответ.

ОБРАЗЕЦ: Кто/ Что это? <u>Кто это?</u> Это мама?

Да, это <u>она</u>. Нет, это не мама. Это не <u>она</u>.
Кто/ Что это? … … … Это папа?
Да, Нет,
Кто/ Что это? … … … Это бабушка и дедушка?
Да, Нет,
Кто/ Что это? … … … Это Светлана?
Да, Нет,

⊙ Зако́нчите предложе́ния, вста́вьте пропу́щенные слова́.

1. _____ это? – Это окно. Это _____
2. _____ это? Это мама и папа. Это родители. Это _____.
3. _____ банк? Да, это _____. Это банк.
4. _____ компьютер? Да, это _____. Это компьютер.
5. _____ это? Это бабушка и дедушка. Это _____.
6. _____ это? Это брат и сестра. Это _____.
7. _____ это? Это озеро. Это _____.
8. _____ это? Это море. Это _____.
9. _____ это? Это дерево. Это _____.,

Говорить по-русски!

🔸 Запо́лните табли́цу.

Стра́ны

America	미국	Mexico	멕시코
England	영국	Norway	노르웨이
Argentina	아르헨티나	Russia	러시아
Brazil	브라질	Syria	시리아
Germany	독일	Finland	핀란드
Egypt	이집트	France	프랑스
India	인도	Switzerland	스위스
Spain	스페인	Sweden	스웨덴
Italy	이탈리아	Ethiopia	에티오피아
China	중국	South Korea	대한민국
Libya	리비아	Japan	일본

🔸 Зако́нчите предложе́ния, заполня́я пропу́щенные слова́. Перепиши́те диало́г в тетра́дь.

— Э́то ка́рта?
— Да, Са́ша, э́то ка́рта.
— Па́па, а где Аме́рика?
— Вот Аме́рика. Вот ____. (Он/Она́/Оно́)
— Где?
— Вот здесь. Вот ____. (Он/Она́/Оно́)
— Э́то А́нглия.
— Пра́вильно, э́то А́нглия.
— Э́то Брази́лия. Вот ____. (Он/Она́/Оно́)
— А где Еги́пет?
— Вот Еги́пет. Вот ____. (Он/Она́/Оно́)

108

– Это И́ндия. Вот ___. (Он/Она́/Оно́)

– А где Испа́ния?

– Вот ___. (Он/Она́/Оно́)

– Это Кита́й.

– Пра́вильно, это Кита́й.

– Это Ю́жная Коре́я. Вот ___. (Он/Она́/Оно́)

– А где Канны́н?

– Вот ___. (Он/Она́/Оно́)

– Где о́зеро Кён по?

– Вот ___. (Он/Она́/Оно́)

– А это Росси́я?

– Да, это Росси́я, пра́вильно.

– Где о́зеро Байка́л?

– Вот о́зеро Байка́л. Вот ___. (Он/Она́/Оно́)

– А где Шве́ция?

– Вот ___. (Он/Она́/Оно́)

– Где Япо́ния?

– Вот ___. (Он/Она́/Оно́)

– А это Финля́ндия?

– Нет, не пра́вильно, это не Финля́ндия.

– Вот Финля́ндия ___. Вот (Он/Она́/Оно́)

⬢ Определи́те род существи́тельных. Подчеркни́те слова́ для того́, чтобы получи́лось корре́ктное предложе́ние.

Что/кто это?	Это семья́.	ОН / ОНА / ОНО
Что/кто это?	Это ма́ма.	ОН / ОНА / ОНО
Что/кто это?	Это брат.	ОН / ОНА / ОНО
Что/кто это?	Это сестра́.	ОН / ОНА / ОНО
Что/кто это?	Это де́душка.	ОН / ОНА / ОНО
Что/кто это?	Это студе́нтка.	ОН / ОНА / ОНО

Говорить по-русски!

Что/кто это?	Это студент.	ОН / ОНА / ОНО
Что/кто это?	Это экономист.	ОН / ОНА / ОНО
Что/кто это?	Это юрист.	ОН / ОНА / ОНО
Что/кто это?	Это компьютер.	ОН / ОНА / ОНО
Что/кто это?	Это окно.	ОН / ОНА / ОНО
Что/кто это?	Это книга.	ОН / ОНА / ОНО
Что/кто это?	Это озеро.	ОН / ОНА / ОНО
Что/кто это?	Это дерево.	ОН / ОНА / ОНО

⭢ Заполните таблицу, отвечая на вопрос "ГДЕ?" ГДЕ_____? ВОТ ОН\ОНА\ОНО.

ГДЕ СЕМЬЯ?	ВОТ ОНА́.	ГДЕ СТОЛ?	ВОТ ОН.
Ма́ма - Жена́		Бума́га	
Па́па - Муж		Кни́га	
Сын - Брат		Газе́та	
Дочь - Сестра́		Журна́л	
		Ру́чка	
Де́душка		Каранда́ш	
Мужчи́на			
Же́нщина		Ко́мната	
Ма́льчик		Стол	
Де́вочка		Стул	
Кто он\она?		Окно́	
Врач		Шкаф	
Студе́нт		Ла́мпа	
Студе́нтка		Фотогра́фия	

Мо́ре		Компью́тер	
Де́рево		Маши́на	
Банк		Ка́мера	

Коне́чно! **Of cause!** 물론이지요.	이분이 다찌아나양 입니까? 예, 이분이 다찌아나양입니다. Это Татья́на? **Да, коне́чно, это она́.**

                    Это Татья́на?

Да, коне́чно, это она.   **Нет**, это не она́.

                    Это Светла́на?

Да, …   Нет,…

                    Это Дми́трий и Серге́й?

Да, …   Нет, …

                    Это ма́ма?

Да, …   Нет, …

                    Это де́душка?

Да, …   Нет, …

                    Это Татья́на и Ве́ра?

Да, …   Нет, …

                    Это?

Да, …   Нет, …

                    Это?

Да, …   Нет, …

                    Это?

Да, …   Нет, …

Говорить по–русски!

⬢ **Переведите существительные на русский язык определите род.**

숲, 도시, 집, 박물관, 지방/가장자리, 나라, 땅, 조국, 농촌, 군대, 권총, 바다, 건물, 들판/들, 이름, 4월, 시간, 깃발, 불길, 종자/씨앗, 정수리, 등자, 무거운짐, 외투, 지하철, 영화, 사무소, 배심원, 내기, 모피목도리, 커피, 날/하루, 불, 석탄, 독자, 작가, 스위치, 2월, 그늘, 생활, 쌀보리, 먹물, 밤, 기쁨, 초원, 사랑, 남자, 할아버지, 아버지, 여자, 어머니, 아가씨, 1월.

УРОК 8. ЭТО ЕГО ФИРМА.

8 과. 그것은 그의 회사입니다.

Илья́ Серге́евич – бизнесме́н. Это его фирма.

Познако́мьтесь, пожа́луйста. Это Илья́ Серге́евич. Он бизнесме́н. Илья́ Серге́евич врач и юри́ст. Он дире́ктор. Это его́ фи́рма, а это его́ о́фис. Зде́сь его́ кабине́т. Это его́ компью́тер, при́нтер, ноутбу́к и айпэ́д. Здесь его́ сто́л, удо́бное кре́сло и большо́й кни́жный шка́ф.

Илья Сергеевич о́чень любит цветы. Его́ кабине́т све́тлый и просто́рный. Здесь его́ телеви́зор и ка́мера.

На столе́ стои́т фотогра́фия. Это его семья́. Здесь его́ жена́. Её зову́т Татья́на Алексе́евна. Она́ то́же вра́ч. Это его́ дочь. Её зову́т Светла́на. Она́ ещё студе́нтка. Это его́ сын. Его́ зову́т Андре́й. Он экономи́ст. Это друг семьи. Его зовут Пак Джисон. Он врач. Он живёт в Южной Корее, но сейчас учится в Москве.

ВОПРОСЫ К ТЕКСТУ

* Как называется текст. Расскажите, пожалуйста об Илье Сергеевиче: о его фирме, офисе, кабинете и о его семье. Кто он? Где он работает? У него есть семья?

ДАВАЙТЕ ГОВОРИТЬ ПО-РУССКИ

* Пожалуйста, расскажите о себе. Как Вас зовут? Кто Вы?
* У Вас есть семья? Расскажите о своей семье.
* У Вас есть друг или подруга? Расскажите о своём друге (о своей подруге). Кто он (она)? Как его (её) зовут?

ДИАЛОГ

Познакомьтесь, это моя семья.

Пак Джисон:	Здравствуйте!
Андрей:	Добрый день, Пак Джисон. Познакомьтесь пожалуйста, это Пак Джисон. Он студент. Он живёт в Корее, но сейчас учится в Москве. Пак Джисон, познакомьтесь, пожалуйста, это моя семья.
Пак Джисон:	Очень приятно!
Андрей:	Это мой папа. Его зовут Илья Сергеевич. Он врач.
Илья Сергеевич:	Рад познакомиться, Пак Джисон.

Андре́й:	Познако́мьтесь, э́то моя́ ма́ма.
	Её зову́т Мари́я Ива́новна.
Мари́я Ива́новна:	О́чень прия́тно!
Андре́й:	Моя́ ма́ма то́же вра́ч.
Пак Джисо́н:	Пра́вда? Как интере́сно! Мой де́душка то́же врач.
	О́чень прия́тно с ва́ми познако́миться. Спаси́бо
	за приглаше́ние, Андре́й.
Мари́я Ива́новна:	Пак Джисо́н, прия́тно познако́миться с Ва́ми.
	Походи́те пожа́луйста, чу́вствуйте себя́ как до́ма.
Пак Джисо́н:	Спаси́бо.
Мари́я Ива́новна:	Вы наве́рное проголода́лись? Проходи́те к столу́.
	Обе́д уже́ гото́в.
Пак Джисо́н:	Како́й краси́вый сто́л. О́чень вку́сно па́хнет.

НО́ВЫЕ СЛОВА́

НАРЕ́ЧИЯ			ADVERBS		부사
вку́сно	delicious	맛있다	просто́рно	spacious	넓게
уже́	already	이미	удо́бно	convenient	편리하게
светло́	light	밝게	краси́во	beautiful	아름답게
ГЛАГО́ЛЫ			VERBS		동사
расска́зывать	to talk	말하다	проходи́ть	to pass	들르다, 지나가다
рабо́тать	to work	일하다	чу́вствовать	to feel	느끼다
жить	to live	살다	учи́ться	to study	배우다
ПРИЛАГА́ТЕЛЬНЫЕ			ADJECTIVES		형용사
све́тлый	light	밝은	большо́й	large	큰
просто́рный	spacious	넓은	удо́бный	convenient	편리한

СУЩЕСТВИ́ТЕЛЬНЫЕ		NOUNS		명사
бизнесме́н	businessman	사업가	цвето́к, цветы́	flower, flowers	꽃
о́фис	office	사무실	айпэ́д	iPad	iPad
фи́рма	company	회사	дом	home	집
кабине́т	room	집무실	дире́ктор	director	디렉터

Whose?	Чей? ЧЕЙ ОН? 남성	Чья? ЧЬЯ ОНА? 여성	Чьё? ЧЬЁ ОНО? 중성	Чьи? ЧЬИ ОНИ? 복수
Я 나	Мой, My, Mine	Моя́	Моё	Мои́
Ты 너	Твой, Your, yours	Твоя́	Твоё	Твои́
Мы 우리	Наш, Our, ours	На́ша	На́ше	На́ши
Вы 너희	Ваш, Your, yours	Ва́ша	Ва́ше	Ва́ши
Он 그	Его́, His	Его́	Его́	Его
Она́ 그녀	Её, Her	Её	Её	Её
Они́ 그들	Их, Their	Их	Их	Их

НО́ВЫЕ ВЫРАЖЕ́НИЯ:

Вы, наве́рное, проголода́лись?	You're probably hungry?	당신은 아마 배가 고프죠?
Проходи́те к столу́.	Come to the table.	테이블로 오세요.
Обе́д уже́ гото́в.	Dinner is ready.	저녁 준비가되었습니다.
Чу́вствуйте себя́ как до́ма.	Make yourself at home.	편히하세요.
Спаси́бо за приглаше́ние.	Thank you for the invitation.	초대해 주셔서 감사합니다.
Где́ Вы рабо́таете?	Where do you work?	당신은 어디서 일합니까?
Где Вы у́читесь?	Where do you study?	당신은 어디서 공부합니까?
Где Вы живёте?	Where do you live?	당신은 어디서 살고계십니까?
Расскажи́те о себе́.	Tell us about yourself.	자신에 대해 말해주세요.
Чей это кабине́т? Это его кабинет.	Whose office is this? Is there his office?	이 집무실은 누구의 것입니까? 이것은 그의 집무실입니다.
Там сейча́с никого́ нет.	There are no one there.	그곳에는 지금 아무도 없습니다.
Алекса́ндр, Вы зна́ете но́мер (он) его телефо́на?	Alexander, do you know his telephone number?	알렉산더, 너는 그의 전화 번호를 알고있니?
Са́ша, ты зна́ешь (он) его телефо́н.	Sasha, do you know his telephone number?	사샤, 너는 그의 전화 번호를 알고있니?
Да, я зна́ю но́мер (он) его телефо́на.	Yes, I know his telephone number?	네, 그의 전화 번호를 알고있습니다.

Говорить по-русски!

Нет, я не знáю нóмер (он) егó телефóна.	No, I don't know his telephone number	아니요, 그의 전화번호를 모릅니다.
Этó Вáша машúна?	Is this your car?	이것은 당신의 차입니까?.
Нет, Вы ошúблись.	No, you have made a mistake.	아니요, 당신은 실수를 했습니다.
Это не моя́ машúна	This is not my car	이것은 내 차가 아닙니다.
Ты знáешь, где моя́ тетрáдь?	Do you know, where is my notebook?	너는 내 공책이 어디에 있는지 알고 있니?
Да, я знáю. Вот онá.	Yes, I know. Here it is.	응, 알고있어. 여기있어.
Нет, я не знáю где онá.	No, I do not know, where it is	아니, 어디있는지 모르겠어.
Этó Вáша дочь?	Is this your daughter?	이분은 당신의 딸인가요?
Нет, вы ошúблись.	No, you have made a mistake.	아니요, 당신은 실수를 했습니다.
Этó не моя́ дочь.	She is not my daughter.	그녀는 내 딸이 아닙니다.

ДАВА́ЙТЕ ГОВОРИ́ТЬ ПО-РУ́ССКИ

— Влади́мир, э́то Ва́ша сестра́?
— Да, э́то моя́ сестра́.
— Кто она́?
— Она́ инжене́р.
— Как её зову́т?
— Её зову́т Мари́на.
— Э́то её сын?
— Да, э́то её сын.
— Он шко́льник. Его́ зову́т Са́ша.
— А кто э́то? Э́то Ва́ша ма́ма?
— Нет, э́то не моя́ ма́ма, э́то моя́ тётя. Её зову́т Еле́на.
— Кто она́?
— Она́ врач. Вот её муж. Его́ зову́т Алекса́ндр. Он инжене́р.

번역

번역

— Э́то наш о́фис.
— Э́то Рома́н. Он экономи́ст. Сле́ва его́ кабине́т.
— Э́то Светла́на. Она́ наш юри́ст. Спра́ва её кабине́т.
— Я где ваш кабине́т, Ви́ктор.
— Здесь мой кабине́т. Э́то мой компью́тер. Э́то мой стол. Вот моё кре́сло.
— А э́то чей кабине́т?
— Там никого́ нет.

ГРАММАТИ́ЧЕСКИЙ КОММЕНТА́РИЙ

МОЙ가 3가지 성의 구별이 있는 것과 마찬가지로 '너의'라는 ТВОЙ는 남성, ТВОЯ는 여성, ТВОЁ는 중성이며, '우리들의'의 НАШ는 남성, НАША는 여성, НАШЕ는 중성형이다. '당신들의', 또는 존칭형의 '당신의'도 ВАШ〈남성〉, ВАША〈여성〉, ВАШЕ 〈중성〉로 구별된다. 이와 같이 명사의 성과 소유대명사의 성이 일치하는 것에 주의해야 한다. 그러나 3인칭의 '그의, 그것의',와 '그녀의'는 각각 ЕГО와 ЕЁ로 위의 1&2인칭 경우와는 달리 성의 구별 없이 사용됨을 명심해야 한다.

의문대명사 ЧЕЙ도 역시 성과 수에 따라 변화한다. 위의 문장과 같은 대답을 얻기 위해서는 '누구의'라는 ЧЕЙ 〈남성〉, ЧЬЯ 〈여성〉, ЧЬЁ 〈중성〉로 물어야 한다. Чей это офис? - Это его офис.

소유대명사 ЕГО, ЕЁ, ИХ는 모든 성과 수에서 동일한 형태를 가진다. 또한 이 대명사는 그것들이 수식하는 명사의 성, 수에 관계없이 소유자의 성과 수에 일치한다. ИХ는 '그들의'라는 뜻이다. ИХ도 ЕЁ, ЕГО처럼 뒤에 오는 명사의 성과 일치시킬 필요는 없다. 그래서 ИХ ДОМ은 '그들의 집' ИХ ФОТОГРАФИЯ는 '그들의 사진'이 된다.

여기에서 배운 소유대명사들은 또한 '나의 것', '우리들의 것', '당신 것' 등처럼 완전한 소유를 나타내기도 한다. 그래서 '이 승용차는 나의 것입니다.'는 ЭТО МАШИНА МОЯ이다. 이때에 주의할 것은 주어로 쓰이는 명사의 성에 따라서 소유대명사의 성을 일치시켜야 하는 것이다.

The Singular of Possessive Pronouns

They indicate belonging. The pronouns of the 1st and 2nd persons take the gender, the number and the case of the nouns they qualify.

The possessive pronouns of the 3rd person его, её and их take the gender and the number of the noun which designate the owner of the object and do not change in case.

The possessive pronouns answer the questions **чей? чья? чьё? (whose?)**

The Interrogative Pronouns ЧЕЙ, ЧЬЯ, ЧЬЁ

They are used to ask questions about the owner of an object. The pronoun **ЧЕЙ?** agrees with the noun it qualifies in gender, number and case:

Masculine	Feminine	Neuter
чей? - whose?	чья? - whose?	чьё? - whose?

The Interrogative Pronoun ЧЬИ

It is used to ask questions about the owner of the objects. The pronoun **ЧЕЙ?** agrees with the noun it qualifies in gender, number and case:

Singular			Plural
Masculine	Feminine	Neuter	
чей? - whose?	чья? - whose?	чья? - whose?	чьё? - whose?

The Plural of Possessive Pronouns

They indicate belonging. The pronouns of the 1st and 2nd persons take the gender, the number and the case of the nouns they qualify. The possessive pronouns of the 3rd person его, её and их take the gender and the number of the noun which designate the owner of the object and do not change in case. The possessive pronouns answer the questions чей? чья? чьё? чьи? (whose?).

УПРАЖНЕ́НИЯ

🔶 Задайте вопросы, используя притяжательные местоимения множественного и единственного числа (чей, чья, чьё, чьи).

Образец: Это машина. – Чья это машина?

Это дом. Это офис. Это кабинет. Это компьютер. Это столы. Это кресла. Это фотография. Это картина. Это цветок. Это семья. Это дочь. Это сын. Это брат. Это ноутбук. Это комната. Это стол. Это ручка. Это окна. Это фирма. Это кабинет. Это телефон. Это принтеры. Это факс.

🔶 Ответьте на вопросы по образцу.
Answer the questions according to the example.

Образец: (она) Чьи это цветы? – Это её цветы.

1. (он) Чей это телефон? 2. (она) Чья это фотография? 3. (Вы) Чья это книга? 4. (мы) Чья это карта? 5. (она) Чья это картина? 6. (мы) Чей это брат? 7. (он) Чей это телевизор? 8. (мы) Чьё это радио? 9. (Вы) Чья это ручка? 10. (он) Чей это карандаш? 11. (я) Чьё это имя? 12. (я) Чья это фамилия? 13. (она) Чей это класс? 14. (мы) Чья это улица? 15. (мы) Чья это больница? 16. (мы) Чей это друг? 17. (она) Чья это подруга? 18. (они) Чей это доклад? 19. (он) Чья это презентация? 20. (она) Чья это сумка? 21. (она) Чей это зонт?

🔶 Вставьте притяжательные местоимения.
Insert the possessive pronouns according to the example.

Образец: комната - Это моя комната.

- мой, моя, моё, мои: фамилия, имя, отчество, фотографии, семья, подруга, окно, улица, дедушка, компьютер, книга, тетрадь, упражнение, доклад, статья, роман, текст.
- твой, твоя, твоя, твои: офис, фирма, банк, принтер, факс, бумага, конверт, письмо, лампа, учебник, номер, билет, одежда, квартира, ручки.
- наш, наша, наше, наши: стол, кресло, статья, адрес, телефоны, смартфон, университет, улица, автобус, такси, блокнот.
- ваш, ваша, ваше, ваши: вещи, костмы, платья, шарфы, пальто, перчатки, сапоги, босоножки, туфли, факс, доклад, улица, город.

⊙ Выполните упражнение по образцу.
Do the exercise as in the model.

Образец: Это Иван Сергеевич. Это его телефон. Это тоже его телефон.

Андрей и Светлана, (подруга). Сергей, (телефон). Владимир, (тест). Марина, (письмо). Мария, (тетрадь). Дмитрий Викторович, (студент). Я, (брат). Мы, (сестра).

⊙ Впишите притяжательные местоимения.
Insert the possessive pronouns according to the example.

Образец: Это (мой/моя/мо́) … семья́. – Это моя семья.

- Это (мой/моя/моё) … па́па. Он инжене́р. Его зову́т Михаи́л Ива́нович. А это (мой/моя/моё) … ма́ма. Она врач. Её зову́т Мари́я Петро́вна. Это (мой/моя/моё) … сестра́. Она студе́нтка. Её зову́т Еле́на. Это (мой/моя/моё) … брат. Его зову́т Михаи́л. - Он то́же студе́нт? -Нет, он не студе́нт. Он еще шко́льник. -Пра́вда? (Мой/моя/моё) … брат то́же шко́льник.

- Это (твой, твоя, твоё) … комната. Это (твой, твоя, твоё) … компьютер. Это (твой, твоя, твоё) … фотография. Здесь (твой, твоя, твоё) … стол. Вот (твой, твоя, твоё) … кресло. Это (твой, твоя, твоё) … шкаф. Это (твой, твоя, твоё) … окно. А вон там (твой, твоя, твоё) … дерево.

- Это (ваш, ваша, ваше) … офис. Это (ваш, ваша, ваше) … стол. Это (ваш, ваша, ваше) … компьютер. Это (ваш, ваша, ваше) … кресло. Это (ваш, ваша, ваше) … папка.

- Это (мой/моя/моё) … бабушка. Её зовут Вера Васильевна. Она медсестра. Это (мой/моя/моё) … дедушка. Его зовут Олег Иванович. Он учитель.

- Это (наш, наша, наше) … брат. Его зовут Илья. Он студент. Это (наш, наша, наше) …сестра. Её зовут Вера. Она тоже студентка.

- Это (мой/моя/моё) … друг. Его зовут Дмитрий. Он переводчик.

- Это (мой/моя/моё) … собака. Её зовут Дина. Это (мой/моя/моё) … кошка. Её зовут Соня.

⭕ Сформулируйте вопросы и корректные ответы на них (утвердительные и отрицательные), используя притяжательные местоимения.

Образец. Михаил, ты знаешь, где моя тетрадь? Да, знаю. Вот она. Нет, я не знаю где она.

Светлана/ карандаш, Роман / компьютер, Сергей / книга, Дмитрий / газета, Мария / словарь, Алексей / окно.

🟠 Впишите притяжательные местоимения.
Insert the possessive pronouns according to the example.

Образец: Илья, посмотри, вот (твой/твоя/твоё) твоя комната.

- Это (твой/твоя/твоё) … компьютер. Это (твой/твоя/твоё) … стол. Вот (твой/твоя/твоё) … стул. Это (твой/твоя/твоё) … кровать. Это (твой/твоя/твоё) … шкаф. Здесь (твой/твоя/твоё) … зеркало. А где (твой/твоя/твоё) … комната, Сергей? А вот (мой/моя/моё) … комната. Здесь (мой/моя/моё) … ноутбук. Это (мой/моя/моё) … стол. Вот здесь (мой/моя/моё) …кровать.

- **Это *твой* словарь? - Да, это *мой* словарь.** Это … … … зеркало? - Да, это … … … зеркало. Это … … … брат? - Да, это … … … брат. Это … … … сестра? - Нет, это не … … … сестра.

- **Это (я) *мой* дом.** Это (я)… … … комната. Это (я) … … … друг. Это (я) … … … картина. Это (ты) … … … журнал. Это (ты)… … … словарь? – Да, это (я) … … … словарь. Это (ты) … … … книга. Это (ты) … … … видеокамера.

🟠 Сформулируйте вопросы и корректные ответы на них (утвердительные и отрицательные), используя притяжательные местоимения. Образец: Чья это машина? Это её машина? Да, это её машина. Нет, Это не её машина.

Видеокамера, комната, документ, банк, компьютер, телефон, конверт, брат, дедушка, сын, телеграмма, открытка, бумага, тетрадь, газета, книга, марка, дерево, окно, море, письмо.

Говорить по–русски!

⭕ Сформулируйте вопросы и корректные ответы на них (утвердительные и отрицательные). Впишите притяжательные местоимения.
Insert the possessive pronouns according to the example.

Образец:

Вы зна́ете.	Вы зна́ете, чей/чья/чьё это ручка .
Да, я зна́ю.	Да, зна́ю, чей/чья/чьё это ручка .
Нет, я не зна́ю.	Нет, я не зна́ю, чей/чья/чьё это ручка .

Вы зна́ете, чья это ру́чка? Да, я зна́ю, чья это ру́чка. Это её ру́чка. Нет, я не зна́ю, чья это ру́чка.

Каранда́ш, о́фис, фотогра́фия, ко́мната, слова́рь, при́нтер, ко́мната, о́фис, фи́рма, кре́сло, факс, письмо́, слова́рь, компью́тер, ка́мера, текст, перча́тки, бума́га, семья́, уче́бник, рома́н, кварти́ра, банк, телефо́н.

⭕ Впишите притяжательные местоимения.
Insert the possessive pronouns according to the example.

Образец: Это (она) её ко́мната.

- Это (ты) … кни́га. Это (я) … слова́рь. Это (я) … стол. Это (она) … кре́сло. Это (я) … де́рево. Это (я) … друг. Это (она) … брат. Это (она) … дя́дя. Это (он) … сын. Это (я) … о́зеро. Это (он) … карти́на. Это (ты) … ра́дио. Это (она) … телефо́н. Это (ты) … маши́на. Это (ты) … ру́чка. Это (ты) … о́фис. Это (я) … де́душка. Это (ты) … сестра́. Это (она)… ко́фе.

- Это (я) … сестра́. Её зову́т Мари́я. Она студе́нтка. Здесь (она)… ко́мната. Это (она)… компью́тер. Это (она) кре́сло. Это (она) … кни́га. Здесь (она) слова́рь, журна́л, газе́та и тетра́дь.

- Это (я) … подру́га. Её зову́т Светла́на. Это (она) … фотогра́фия. Это (она) … семья́. Здесь (она) … роди́тели. А это (она) … ба́бушка и де́душка.

- Михаи́л, ты зна́ешь где (я)… слова́рь? Да, я зна́ю где (ты) … слова́рь. Вот он. Спаси́бо!
- Светла́на, ты зна́ешь, где сейча́с Мари́я. Да, знаю где она. Она сейча́с дома. Вот (она)… кварти́ра. Спаси́бо!
- Серге́й, ты зна́ешь, где сейча́с ма́ма. Да, я зна́ю, где она сейча́с. Она до́ма. Вон там (она) … маши́на. Спаси́бо!

⊙ Впишите притяжательные местоимения. Insert the possessive pronouns according to the example.

| Вот (я) … … телефо́н. Пожа́луйста, запиши́те! |
| Вот мой телефон. Пожалуйста, запишите. 010-3443-6543. |
| Вот (ты) … … телефон. Пожалуйста, запишите! 010 – 3556 – 8987. |
| Вот (она) … … телефон. Пожалуйста, запишите! 010 – 7676 – 6453. |
| Вот (он) … … телефон. Пожалуйста, запишите! 010 – 6565 – 7625. |

⊙ Впишите притяжательные местоимения.
Insert the possessive pronouns.

– Здра́вствуйте, Ви́ктор!
– До́брый день, Светла́на!
– Вы зна́ете, где сейча́с Еле́на?
– Да, зна́ю, … сейча́с дома.
– … зна́ете но́мер … телефо́на?
– Да, знаю. Мину́точку. Пожа́луйста, запиши́те 010 – 6565 – 7625.

Говорить по-русски!

🔶 **Впишите притяжательные местоимения.**
Insert the possessive pronouns according to the example.

Образец: Это (мой, моя, моё) моя семья.

– (Кто\что) …это?
– Это фотогра́фия. Это (мой, моя, мо́ё) …семья́.
– (Кто\что) …это?
– Это (мой, моя, мо́ё) …ма́ма.
– Как (она) … зову́т?
– (Она) зову́т Мари́на Ива́новна.
– А (кто\что) … это?
– Это (мой, моя, моё) …па́па.
– Как (он) .. зову́т?
– (Он) … зову́т Ви́ктор Петро́вич.
– А это (твой, твоя, твоё) …сестра́?
– Да, это (мой, моя, мо́ё) …сестра́.
– Как (она) … зову́т?
– (Она)зовут … Ири́на.
– (Кто\что) …это?
– Это (мой, моя, мо́ё) …брат.
– Как (он) … зову́т?
– (Он) … зовут Дми́трий.
– А это (твой, твоя, твоё) … де́душка?
– Да, это (мой, моя,моё) … де́душка.
– Как (он) … зову́т?
– (Он) … зову́т Ива́н Петро́вич.
– А это (мой, моя, мо́ё) …сестра. (Она) … зову́т Мари́я Ива́новна.

🔶 **Впишите притяжательные местоимения.**
Insert the possessive pronouns according to the example.

Образец. Это Мари́на. Она экономи́ст. Чей это компью́тер? Это

её компьютер? Да, это **её** компьютер.

• Это Виктор. Он врач. … офис? Это … … офис? Да, это…. … офис.

• Это Иван Петрович. Он инженер. … … это фотография? Это … … фотография. Да, это … … фотография.

• Это бабушка и дедушка. … … это дом? Это … … дом? Да, это … … дом.

• Это папа и мама. … … это машина? Это … … машина? Да, это … … машина.

⬤ Задайте корректный вопрос, используя притяжательные местоимения.
Insert the possessive pronouns.

Письмо (он), конверт (она), бумага (я), книга (ты), марка (я), журнал (она).

⬤ Задайте вопрос, используя корректную форму притяжательного местоимения.
Insert the possessive pronouns according to the example.

Образец: (Ваша) Машина. Чья это машина?

(Вы) Банк, кинотеатр, магазин, офис, брат, дедушка, сын, дом, завод, стадион, театр, музей, улица; (МЫ) гостиница, библиотека, церковь, арка, аллея, здание, радио, озеро, одеяло, общежитие, кафе, письмо.

⬤ Задайте вопрос и сформулируйте ответ на него.
Insert the possessive pronouns according to the example.

Образец: (Мы) Машина. Чья это машина? Это наша машина.

(Мы) Машина, камера, банк, компьютер, телефон, офис, брат, сестра, дедушка, дочь, сын, комната, окно.

(Вы) Окно, картина, ручка, карандаш, стол, стул, кресло, бумага, тетрадь, газета, книга, журнал, лампа.

(Ты) Папка, ластик, врач, студент, дерево, фотография, мама, папа.

○ **Запо́лните табли́цу. Впиши́те притяжа́тельные местоиме́ния.**
Insert the possessive pronouns.

Чей? Чья? Чьё?						
	Чей это стол?			Это мой стол.		
Чей		стол		я	мой	стол
Чья		бума́га		ты	твоя́	бума́га
Чья		кни́га		они́	их	кни́га
Чья		газе́та		он	его́	газе́та
Чей		журна́л		она́	её	журна́л
Чья	это	ру́чка	Это	они́	их	ру́чка
Чьи		карандаши́		я	мои́	карандаши́
Чей		о́фис		они́	их	о́фис
Чья		ко́мната		она́	её	ко́мната
Чей		стол		они́	их	стол
Чей		стул		он	его́	стул
Чьё		окно́		они́	их	окно́
Чей		шкаф		я	мой	шкаф
Чьи		ла́мпы		я	мои́	ла́мпы
Чьи		фотогра́фии		ты	твои́	фотогра́фии
Чья		карти́на		они́	их	карти́на
Чей		компью́тер		он	его́	компью́тер

УРО́К 9. ПРОФЕ́ССИИ В МЕДИЦИ́НЕ. КТО ОН? – ОН ВРАЧ. ОН ТЕРАПЕ́ВТ. КТО ОНА́? – ОНА́ МЕДСЕСТРА́.

9 과. 의료분야의 직업
그는 누구입니까? – 그는 의사입니다. 그는 내과의사입니다.
그녀는 누구입니까? – 그녀는 간호사입니다.

ДОБРО́ ПОЖА́ЛОВАТЬ НА КОНФЕРЕ́НЦИЮ!

Владивосто́к, Росси́я. Междунаро́дная конфере́нция:
«Медици́нский тури́зм: перспекти́вы и направле́ния разви́тия».
Сро́ки проведе́ния: 17-20 сентября́ 2012 го́да.

Уча́стники – учёные, врачи́, инте́рны и студе́нты. Это хиру́рги, ортопе́ды, травмато́логи, окули́сты, терапе́вты, рентгено́логи, стомато́логи и др. Мно́гие тала́нтливые учёные и врачи́ приглашены́ на конфере́нцию. Добро́ пожа́ловать на конфере́нцию!

ВОПРОСЫ К ТЕКСТУ

❖ Как называется конференция? (Название конференции?) Где начинает работу конференция? (Назовите сроки проведения конференции?) (Когда начинает работу конференция?) Кто участники конференции? (Кто приглашён на конференцию?)

ДАВАЙТЕ ГОВОРИТЬ ПО-РУССКИ

❖ Как Вас зовут? Кто Вы?
❖ (Представьте, пожалуйста, своих родителей). Как зовут вашу маму, вашего папу. Кто они?
❖ (Представьте, пожалуйста, своих братьев и сестёр). Как зовут брата (сестру)? Кто он (она).

ДИАЛОГ

Олег Петрович: Здравствуйте, Мария!

Мария: Добрый день, Олег Петрович! Проходите, пожалуйста.

Олег Петрович: Вы подготовили список участников конференции?

Мария: Да, конечно. Вот, пожалуйста. Это участники конференции. Здесь хирурги, кардиологи, травматологи, окулисты, неврологи, ортопеды, педиатры, стоматологи.

Олег Петрович: Спасибо. Вы пригласили интернов?

Мария: Да, мы пригласили интернов. Они секретари на конференции. Они уже Вас ждут. Познакомьтесь, пожалуйста!

Это Иван. Он травматолог.

Олег Петрович: Очень прия́тно!
Мари́я: Э́то Макси́м. Он терапе́вт.
Олег Петрович: Рад познако́миться!
Мари́я: Э́то Михаи́л. Он окули́ст.
Олег Петрович: Здра́вствуйте!
Мари́я: Э́то Ни́на. Она́ педиа́тр.
Ни́на: Ра́да познако́миться!
Олег Петрович: Добро́ пожа́ловать на конфере́нцию!

НО́ВЫЕ СЛОВА́

СУЩЕСТВИТЕЛЬНЫЕ Профессии, род деятельности.		NOUNS 명사
аллерго́лог	allergy	알레르기 학과 의사
врач, до́ктор	physician	의사
гинеко́лог	gynecologist	산부인과 의사
дермато́лог	dermatologist	피부과 의사
кардио́лог	cardiologist	심장과 의사
космето́лог	beautician	미용학 의사
медсестра́	nurse	간호사
невропато́лог	neurologist	신경과 의사
нейрохиру́рг	neurosurgeon	신경외과 의사
окули́ст	ophthalmologist	안과 의사
онко́лог	oncologist	종양과 의사
педиа́тр	pediatrician	소아과 의사
пульмоно́лог	pulmonologist	폐장질환과 의사
рентгено́лог	radiologist	방사선과 의사

стомато́лог	stomatologist	치과 의사
данти́ст	dantist	치과 의사
терапе́вт	therapist	내과 의사
травмато́лог	traumatologist	외상전문 의사
уро́лог	urologist	비뇨기과 의사
хиру́рг	surgeon	외과 의사
эндокрино́лог	endocrinologist	내분비학과 의사

СУЩЕСТВИТЕЛЬНЫЕ профессии		NOUNS		명사	
бизнесме́н	businessman	사업가	студе́нт	student	학생
журнали́ст	journalist	기자	студе́нтка	student	여학생
музыка́нт	musician	음악가	учи́тель	teacher	교사
перево́дчик	interpreter	통역가	учи́тельница	teacher	교사 (여자)
писа́тель	writer	작가	экономи́ст	economist	경제학자
инжене́р	engineer	기술자	юри́ст	lawyer	변호사
экскурсово́д	guide	여행 가이드	учёный	scientist	과학자
секрета́рь	secretary	비서	интéрн	intern	인턴
преподава́тель	teacher	선생님	поэ́т	poet	시인

СУЩЕСТВИТЕЛЬНЫЕ	NOUNS			명사	
конфере́нция	conference	회의	срок	time	시간
назва́ние	name	제목	тала́нт	talent	재능

| приглашéние | invitation | 초대장 | туρи́зм | tourism | 관광 |
| спи́сок | list | 목록 | уча́стник | participant | 참가자 |

НАРЕЧИЯ И ПРИЛАГАТЕЛЬНЫЕ		ADVERBS AND ADJECTIVES (형용사, 부사)	
тала́нтливо		with talent 재능	
тала́нтливый	тала́нтливая	тала́нтливое	тала́нтливые
изве́стно	Famous	유명한	
изве́стный	изве́стная	изве́стное	изве́стные

ГЛАГОЛЫ		VERBS		동사	
ждать	to wait	기다리다	подгото́вить	to prepare	준비하다

НО́ВЫЕ ВЫРАЖЕ́НИЯ:

Добро пожа́ловать!	Welcome!
Добро пожа́ловать на конфере́нцию!	Welcome to conference!
Сро́ки проведе́ния конфере́нции	Dates of the conference
Назва́ние	The theme (the name)
«Медици́нский тури́зм: перспекти́вы и направле́ния разви́тия».	Medicine tourism: prospects and development vectors.

Вы подгото́вили спи́сок уча́стников?	Did you prepare the list of participants?
Вы подгото́вили докуме́нты?	Did you prepare the documents?
Вы подгото́вили приглаше́ния?	Did you prepare the invitations?
Вы пригласи́ли инте́рнов?	Did you invite interns?
Да, я пригласи́ла.	Yes, I did.
Я Вас жду!	I waiting for you
Они́ вас о́чень ждут	They waiting for you very much
Они́ Вас уже́ ждут	They already waiting for you
Подожди́те, пожа́луйста!	Please, wait for me!
Подожди́те, пожа́луйста, мину́точку	One minute, please

ДАВА́ЙТЕ ГОВОРИ́ТЬ ПО-РУ́ССКИ!

– Познако́мьтесь, пожа́луйста. – Э́то Нина́. Она́ врач. – О́чень прия́тно, Влади́мир. – Влади́мир тоже врач. Он терапе́вт. – Пра́вда? Как интере́сно! – Муж Нины то́же терапевт.	번역
번역	– Здра́вствуйте, Андре́й! – До́брое у́тро Мари́я! – Познако́мьтесь, это Светла́на. Она медсестра́. – Это Мари́я. Она журнали́ст. – О́чень прия́тно! – Ра́да познако́миться.
– Здра́вствуйте, Серге́й! – Здра́вствуйте, Михаи́л! – Познако́мьтесь, пожа́луйста. Это Дми́трий. Он стомато́лог. – О́чень прия́тно! – Это Влади́мир. Он то́же стомато́лог.	번역
번역	– Здра́вствуйте. – До́брый день. – Познако́мьтесь, пожа́луйста. Это Еле́на. Она преподава́тель. – О́чень прия́тно! – Меня́ зову́т Ве́ра. – Я то́же преподава́тель.

ГРАММАТИ́ЧЕСКИЙ КОММЕНТА́РИЙ

Kind of questions about professional experience and other characteristics	
그의, 그녀의 (국적, 직업, 신분)은 무엇입니까?	
What is he? What I she? What are they?	
Кто он? 남성	Кто она? 여성
그의 (국적, 직업, 신분)은 무엇입니까?	그녀의 (국적, 직업, 신분)은 무엇입니까?
Он студе́нт. 그는 학생입니다.	Она студе́нтка. 그녀는 학생입니다.
Он врач. 그는 의사입니다.	Она медсестра́. 그녀는 간호사입니다.
Он бизнесме́н. 그는 사업가입니다	Она бизнеследи. 그녀는 사업가입니다.
Он журнали́ст. 그는 기자입니다	Она журналист. 그녀는 기자입니다.
Он студе́нт. 그는 학생입니다	Она музыкант. 그녀는 음악가입니다.
Он писа́тель. 그는 작가입니다	Она писательница. 그녀는 작가입니다.
Он экономи́ст. 그는 경제학자입니다.	Она юрист. 그녀는 변호사입니다.

The Nominative Case (The subject of a sentence) Endings of the plural cases.

- The only time you need to change the ending is to form the plural. In English we make a plural by adding "s". In Russian, in the nominative case, you make a plural by using the letters "и", "ы", "я" or "а".

- 대부분의 남성명사와 모든 여성명사는 복수형에서 어미 -ы(경변화) - и 또는 (연변화)를 취하며, 약간의 남성명사와 모든 중성명사는 어미 - а(경변화) 또는 -я(연변화)를 취한다.

복수 – (Множественное число) Мн.ч.

BUT REMEMBER!

Г, К, Х, Ж, Ш, Ч, Щ 의 뒤에는 -ы 를 쓸수 업고 -и 써야 안다

| ЖИ, ШИ
ЧИ, ЩИ
ГИ, КИ, ХИ | right | И | NOT | Ы |

ЭТАЖ – ЭТАЖИ, КАРДИОЛОГ - КАРДИОЛОГИ

Мужско́й род 남성		же́нский род 남성		сре́дний род 남성	
For masculine nouns:		For feminine nouns:		For neuter nouns:	
If the word ends in a consonant, add "ы" Replace "й" with "и" Replace "ь" with "и".		Replace "а" with "ы" Replace "я" with "и" Replace "ь" with "и".		Replace "о" with "а" Replace "е" with "я" (Replace "ко" with "и" except: войско - войска, облако - облака).	
-ы, -и		-ы, -и		-а, -я	
-ы, -и	Мн.ч.	Ед.ч.	Мн.ч.	Ед.ч.	Мн.ч.
докуме́нт	докуме́нты	газе́та	газе́ты	письмо́	пи́сьма
музе́й	музе́и	пе́сня	пе́сни	окно́	о́кна
эта́ж	этажи́	ночь	но́чи	мо́ре	моря́

| врач | врачи́ | ру́чка | ру́чки | о́зеро | озёра |

해 설

- **вода, молоко, масло, мука, железо** 등과 같은 물질명사와 **дружба, любовь, внимание** 등과 같은 추상명사는 항상 단수형으로만 사용된다.
- 약간의 명사들은 항상 복수형으로만 사용된다 : **часы, деньги, каникулы** 등.
- 어떤 명사들의 단수ㆍ복수형은 완전히 다른 단어들에 의해서 표현된다
  : ребёнок – дети, человек –люди.
- 어미 **-ец** 와 **-ок**로 끝나는 남성명사들은 복수형에서 모음 **–e** 또는 **–o**가 탈락된다
  : отец – отцы, потолок – потолки.

명사 복수의 특수변화

- 다음의 남성명사들은 복수에서 어미 **-а** 또는 **-я**를 취하는데, 이 경우에는 항상 어미에 강세가 온다.

Единственное число	Множественное число	Единственное число	Множественное число
город	города́	дом	дома́
номер	номера́	глаз	глаза́
адрес	адреса́	берег	берега́
лес	леса́	учитель	учителя́

- 다음의 남성명사와 중성명사들은 복수에서 어미**-ья**를 취한다.

Единственное число	Множественное число	Единственное число	Множественное число
Брат	Братья	друг	друзья

So, most professions in medicine are masculine nouns:

Единственное число	Множественное число	Единственное число	Множественное число
врач	врач**и**	педиатр	педиатр**ы**
кардиолог	кардиолог**и**	рентгенолог	рентгенолог**и**
невропатолог	невропатолог**и**	стоматолог	стоматолог**и**
нейрохирург	нейрохирург**и**	терапевт	терапевт**ы**
окулист	окулист**ы**	травматолог	травматолог**и**
ортопед	ортопед**ы**	уролог	уролог**и**

УПРАЖНЕ́НИЯ

○ Запо́лните наименова́ние профе́ссии ва́ших ро́дственников

мама	어머니	mother	Мама врач. Она врач
папа	아버지	father	
сестра	언니(여자형제)	sister	
брат	동생(남자형제)	brother	
дедушка	할아버지	grandfather	
бабушка	할머니	grandmother	
я			

○ Покажите другу семейную фотографию и расскажите о семье. Напишите рассказ о своей семье.

Например: Меня зовут Иена. Я студентка. Это мама. Ее зовут Хэ

Говорить по-русски!

Рим.

Она преподаватель. Это брат. Его зовут Юджин. Он тоже студент.

Что это? - Это фотогра́фия.

- Кто это? - Как её зову́т? **- Кто она?**	- Это ма́ма. - Её зову́т Ю́лия Ива́новна **- Она врач.**	_____ _____ _____ _____
- Кто это? - Как его зову́т? **- Кто он?**	- Это па́па. - Его зову́т Пётр **- Он то́же врач.**	_____ _____ _____ _____
- Кто это? - Как её зову́т? **- Кто она?**	- Это сестра́. - Её зову́т Светла́на. **- Она студе́нтка.**	_____ _____ _____ _____
- Кто это? - Как её зову́т? **- Кто она?**	- Это её подру́га. - Её зову́т Мари́на. **- Она то́же студе́нтка.**	_____ _____ _____ _____
- Кто это? - Как его зову́т? **- Кто он?**	- Это де́душка. - Его зову́т Ива́н Петро́вич. **- Он преподава́тель.**	_____ _____ _____ _____

- Кто это?	- Это сосе́д.
- Как его зову́т?	- Его зову́т Ива́н.
- Кто она?	**- Он учени́к.**

⭕ **Заполни́те табли́цу по образцу́.**

Ви́ктор (Viktor)	Мари́я (Mariya)	Дми́трий (Dmitry)	Рома́н (Roman)
профе́ссор	медсестра́	кардио́лог	терапе́вт
교수	간호사	심장과 의사	내과 의사
- Кто это?			
- Это Ви́ктор.			
- Кто он?			
- Он профе́ссор.			
Михаи́л (Mihail)	Анастаси́я (Anastasiya)	Ю́лия (Juliya)	Мари́на (Marina)
хиру́рг	ортопе́д	травмато́лог	стомато́лог
외과 의사	정형외과 의사	외상전문 의사	치과 의사
Михаи́л Ле́рмонтов (M.Lermontov)	Евге́ний (Evgeny)	Татья́на (Tatyana)	Оле́г (Oleg)

Говорить по-русски!

(поэт, писатель)	педиатр	окулист	нейрохирург
시인, 작가	소아과 의사	안과 의사	신경외과 의사
Кто это?			
Это М.Ю.Лермонтов			
Кто он?			
Он писатель, поэт.			

◯ Заполните таблицу по образцу, ответив утвердительно и отрицательно на вопрос.

ДА, (он, она…) ___ .	НЕТ, (он, она…) НЕ ___ .

Татьяна врач? (экономист). Владимир окулист? (кардиолог). Михаил стоматолог? (терапевт). Виктор студент? (ученик). Светлана медсестра? (врач). Марина экскурсовод? (переводчик). Роман журналист? (бизнесмен). Дмитрий инженер? (врач). Олег хирург? (кардиолог). Валерий эндокринолог? (терапевт). Владимир рентгенолог? (хирург). Виктор мануальный терапевт? (нейрохирург). Светлана учитель? (преподаватель). Татьяна музыкант? (художник). Марина экономист? (юрист). Анна врач? (медсестра).

◯ Заполните таблицу по образцу, используя предлог «и».

И (and)	
врач, переводчик	Виктор врач и переводчик
의사, 통역가	빅또르는 의사와 통역가입니다.

Юлия экскурсовод?	она	Да, она экскурсовод и переводчик.
율야는 여행가이드입니까?	그녀	예, 그녀는 여행가이드이자 통역가 입니다.

1. Михаил писатель? (поэт)
2. Марина художник? (музыкант)
3. Виктор врач? (преподаватель)
4. Светлана кардиолог? (хирург)
5. Виктор уролог? (хирург)

➡ **Заполните таблицу по образцу, используя конструкцию с «тоже».**

ТОЖЕ (too)	
Светлана врач. 스베틀라나 의사입니다.	Виктор ТОЖЕ врач. 빅또르 또한 의사입니다.
Михаил студент. Виктор студент. 미하일은 학생입니다. 빅또르는 학생입니다.	Михаил студент. Виктор тоже студент. 마이클 학생입니다. 빅또르 또한 학생입니다.

1. Светлана врач. Дмитрий врач.
2. Вера экономист. Роман экономист.
3. Татьяна юрист. Иван юрист.
4. Светлана медсестра. Мария медсестра.
5. Елена кардиолог. Юлия кардиолог.
6. Алиса терапевт. Юрий терапевт.
7. Александр стоматолог. Николай стоматолог.

⬤ Продо́лжите диало́ги и моноло́ги, по образцу́.

Это магази́н.	
ру́чка	
тетра́дь	- Это магази́н?
бума́га	- Да, это магази́н.
каранда́ш	- Здесь ру́чк…, тетра́д…,
слова́рь	бума́г…, каранда́ш…,
кни́га	уче́бник…, словар…, кни́г…,
журна́л	журна́л…, газе́т….
газе́та	
Это конфере́ния.	
терапе́вт	
хиру́рг	- Это конфере́нция?
нейрохиру́рг	- Да, э́то междунаро́дная.
стомато́лог	конфере́нция. Здесь та́лантливые
кардио́лог	учёные, врачи́, инте́рны и
травмато́лог	студе́нты.
ортопе́д	- Здесь….
окули́ст	
невропато́лог	
Это кинофестива́дь.	
музыка́нт	
писа́тель	
поэ́т	
худо́жник	
бизнесме́н	- Это кинофестива́ль?
экономи́ст	- Да, э́то кинофестива́ль. Здесь
юри́ст	тала́нтливые …
актёр	
актри́са	
спортсме́н	
спортсме́нка	

УРОК 10. ВЫ ГОВОРИ́ТЕ ПО-РУ́ССКИ?
10 과. 당신은 러시아어로 말할 수 있습니까?

Мы говори́м по-ру́сски.

Хари́м студе́нтка. Она́ уже́ ме́сяц изуча́ет ру́сский язы́к. Хари́м ещё пло́хо говори́т по-ру́сски, но она́ уже́ хорошо́ чита́ет и мно́гое понима́ет. Хари́м изуча́ет англи́йский язы́к. Она́ перево́дит те́ксты, чита́ет интервью́, слу́шает ра́дио и смо́трит фи́льмы. Ей о́чень нра́вится изуча́ть иностра́нные языки́.

У Хари́м есть подру́га. Её зову́т Ми́ра. Ми́ра то́же студе́нтка. Ми́ра уже́ хорошо́ говори́т по – ру́сски. Она́ чита́ет ру́сские кни́ги, слу́шает ра́дио, но́вости, пи́шет пи́сьма, смс и е- мэ́йлы по-ру́сски. Она́ лю́бит слушать классическую музыку. Мира изучает китайский язык. По-китайски она читает и понимает, но говорит несвободно. Мира знает английский, русский и китайский языки. Мира изучает русский язык два года. Харим и Мира изучают русские традиции. Они любят петь русские песни, танцевать народные танцы.

ВОПРОСЫ К ТЕКСТУ

- Харим и Мира студентки? Что они изучают? Харим говорит по-русски? Какие языки Харим знает? Сколько времени Харим изучает русский язык? Мира хорошо говорит по- русски? Сколько лет она изучает русский язык?

ДАВАЙТЕ ГОВОРИТЬ ПО-РУССКИ

- Какие языки Вы уже знаете?
- Какие языки Вы изучаете?
- Вы хорошо говорите по – русски? Вы всё понимаете?
- Вы хорошо говорите по-английски?

ДИАЛОГ

Илья: Вы говорите по-русский?
Олег: Да, я говорю по-русски.
Илья: Какие языки Вы знаете?
Олег: Я говорю по-английски, по – японски читаю, перевожу, но говорю плохо.
     Я свободно говорю по-французски.
Илья: Ваша жена тоже говорит по - русски.

Олег: К сожалению, нет. Она читает, многое понимает, но говорить не может.

Илья: А какие языки она знает?

Олег: Она хорошо говорит по – английский и по-китайски. По-французски читает и понимает, но говорит несвободно.

Илья: Сколько времени Вы изучаете русский язык?

Олег: Два года.

Илья: По-моему, Вы неплохо говорите по-русски.

Олег: Спасибо. Мне нравится изучать иностранные языки. Вы тоже хорошо знаете русский язык.

Илья: Спасибо. Я переводчик, изучаю русский язык вот уже десять лет. Я очень люблю изучать иностранные языки.

Олег: А какие языки Вы знаете?

Илья: Я знаю русский, английский, французский и итальянский.

НОВЫЕ СЛОВА

НАРЕЧИЯ			ADVERBS		부사
хорошо	good	좋은	плохо	badly	나쁜
свободно	free	자유로운	интересно	interesting	재미있는
уже	already	벌써	много	a lot of	많은

ГЛАГОЛЫ			VERBS		동사
изучать	to study	공부하다	знать	to know	알다
понимать	to understand	이해하다	переводить	to translate	통역하다
читать	to read	읽다	говорить	to speak	말하다
писать	to write	쓰다	смотреть	to watch	보다
слушать	to listen	듣다	учить	to teach	가르치다
любить	to love	사랑하다	мочь	be able to	할수있다

Говори́ть по-ру́сски!

нра́виться	to like	마음에 들다	уме́ть	be able to	할수있다

ПРИЛАГА́ТЕЛЬНЫЕ		ADJECTIVES		형용사	
Ру́сский язы́к	Russian language	러시아어	Англи́йский	English	영어
Кита́йский	Chinese	중국어	Италья́нский	Italian	이탈리아어
Япо́нский	Japanese	일본어	Коре́йский	Korean	한국어

НАРЕ́ЧИЯ		ADVERBS		부사	
по-ру́сски	In Russian way	러시아어	по-англи́йски	English	영어
по-кита́йски	Chinese	중국어	по-италья́нски	Italian	이탈리아어
по-япо́нски	Japanese	일본어	по-коре́йски	Korean	한국어

СУЩЕСТВИ́ТЕЛЬНЫЕ		NOUNS		명사	
расска́з	story	이야기	рома́н	novel	소설
му́зыка	music	음악	ра́дио	radio	라디오
но́вости	news	뉴스	кана́л	channel	채널
мно́гое	much of it, big part of it	많은			

НО́ВЫЕ ВЫРАЖЕ́НИЯ:

Как сказа́ть по-ру́сски – «…»?	How to say in Russian …?	
Вы говори́те по-ру́сски?	Do you speak Russian?	러시아어를 할 줄 아세요?
Вы говори́те по-япо́нски?	Do you speak Japan?	일본어를 할 줄 아세요?
Вы говори́те по-англи́йски?	Do you speak English?	영어를 할 줄 아세요?
Вы говори́те по-кита́йски?	Do you speak Chinese?	중국어를 할 줄 아세요?
Вы говори́те по-коре́йски?	Do you speak Korean?	한국어를 할 줄 아세요?
Я Вас не понима́ю.	I do not understand you	나는 당신을 이해할 수 없습니다.
Я всё понима́ю.	I understand everything	모두 이해했습니다.
Вы мо́жете?	Can you?	당신은 할수 있습니까?
Да, я могу́.	Yes, I can.	예, 저는 할수 있습니다.
Хари́м уже́ ме́сяц изуча́ет ру́сский язы́к.	Harim already during one month study Russian language.	하림은 벌써 한달동안 러시아어를 공부합니다.
Она́ уже́ хорошо́ чита́ет по-ру́сски.	She already read well in Russian.	그녀는 이미 러시아어를 잘 읽습니다.
Мне нра́виться / не нра́виться	I like / I do not like	내 마음에 들다. / 내 마음에 들지 않는다.

Харим нравится изучать русский язык.

Harim likes to study Russian language.

하림은 러시아어 공부하는 것을 좋아합니다.

ДАВАЙТЕ ГОВОРИТЬ ПО-РУССКИ!

Алло! Светлана? Да, слушаю Вас? Простите, кто это говорит? Это Елена. Елена, рада тебя слышать. Я не узнала голос. Что ты сейчас делаешь? Я слушаю радио и читаю рассказ. Интересный? Да, очень.	번역
번역	А что делает Марина? Она сейчас смотрит телевизор, канал CNN, слушает новости. Что делает дедушка? Он сейчас дома. Он отдыхает.

Какие языки Вы знаете? Я знаю английский и корейский языки. Вы говорите по – русски? Да, я немного говорю по – русски. Я сейчас изучаю русский язык.	번역
번역	Вы умеете писать по-русски. Да, я умею писать и читать по – русски. Вы можете сейчас говорить по – русски. Извините, не могу. Я занята.

ГРАММАТИ́ЧЕСКИЙ КОММЕНТА́РИЙ

Russian Present Tense

Russian has two conjugations of verbs. In any dictionary you will find the infinitive, the basic form – usually it has the - ть.

Russian verbs are conjugated, which means that each person has a different ending. The endings for Present Tense form of a verb are:

- verbs ending in -ать or -ять belong to the 1st group. The verbs: **брить, стелить.** belong to 1nd group.

- verbs ending in –ить, -еть belong to 2nd group. The verbs: **смотреть, видеть, ненавидеть, обидеть, зависеть, терпеть, вертеть, гнать, держать, слышать, дышать** belong to 2nd group.

Группа I, -ать, ять.				Группа II, -ить, еть.			
Я	-ю -у	МЫ	-ем	Я	-ю -у	МЫ	-им
ТЫ	-ешь	ВЫ	-ете	ТЫ	-ишь	ВЫ	-ите
ОН ОНА	-ет	ОНИ	-ут, -ют	ОН ОНА	-ит	ОНИ	-ат, -ят
Usually group I has the infinitive ending -ать, -ять. Exemptions: **брить, стелить.**				Usually group II has the infinitive ending -ить, -еть. Exemptions: **гнать, держать, слышать, дышать.**			

러시아어의 동사는 현재시제에서 인칭과 수에 따라서 변화하는데, 동사가 어떤 인칭어미를 택하느냐에 따라 1 식변화 동사와 2 식변화 동사로 나뉜다. 1 식변화에는 , **ать, -ять** 로 끝나는 동사의 대부분과 **-ти** 로 끝나는 소수의 동사가 속하는데, 동사들은 **читать** 와 동일하게 변화한다. 반면 **-ить** 로 끝나는 대부분의 동사들은 2 식변화에 속하며, 동사 **говорить** 와 동일하게 변화한다.

러시아어에서 현재시제는 영어의 현재, 현재진행, 현재완료에 해당된다.

Verbs in the present tense are conjugated by dropping the last two letters of the infinitive, usually "ть", and adding the appropriate ending ("ю", "ешь", "ет", "ем", "ете" or "ют"). The table below shows verbs of the first group:

Делать, группа I					
Я	Я делаю	Что я делаю?	ОН	делает	То он делает?
ТЫ	дела**ешь**	Что ты делаешь?	ОНА	делает	Что она делает?
МЫ	дела**ем**	Что мы делаем?	ОНИ	дела**ют**	Что они делают?
ВЫ	дела**ете**	Что вы делаете?	ОНО	делает	Что оно делает?

- Что он де́лает?	-그는 무엇을 하고 있습니까?
- Он чита́ет те́кст.	-그는 텍스트를 읽고 있습니다.
- Что ты де́лаешь?	-너는 무엇을 하고 있니?
- Я чита́ю журна́л.	-나는 잡지를 읽고 있어.

The second group uses the endings ("ю" (or "у") "ишь" "ит" "им" "ите" "ят" (or "ат"), which replace "ить". As you may have noticed it's almost like the way the first group is conjugated with a slight difference, likeswitching the **е** to **и** and so on.

Говор**и́ть**, группа II			
Я	говор**ю́**	ОН	говор**и́т**
ТЫ	говор**и́шь**	ОНА	говор**и́т**
МЫ	говор**и́м**	ОНИ	говор**я́т**
ВЫ	говор**и́те**	ОНО	говор**и́т**

Note: Don't place Ы, Я, or Ю after the letters (Г, К, Ж, Х, Ч, Ш, Щ), you should use (И, У, А) instead.

First person singular, change the last consonant this way:

д	becomes	ж
з		ж
с	→	ш
т		ч
б, в, м, п, ф	add the letter	л

The irregular verb МОЧЬ and the verb УМЕТЬ

Present tense of мочь "to be able to," "to be in a position to":

Мочь, irregular verb			
Я	могу	МЫ	можем
ТЫ	можешь	ВЫ	можете
ОН,ОНА,ОНО	может	ОНИ	могут

Present tense of уметь "to be able to," "to know how to":

Мочь, irregular verb			
Я	умею	МЫ	умеем
ТЫ	умеешь	ВЫ	умеете
ОН,ОНА,ОНО	умеет	ОНИ	умеют

The differences between these two verbs are:

Мочь is generally used to render physical ability.

Я не **могу** поменять деньги!

Банк закрыт!

I cannot exchange money! The bank is close.

Уметь is generally used to render "to know how," i. e. to show mental and / or physical skill

Я **не** уме**ю** писать по-японски.

I cannot (do not know how to) write Japanese.

Adverbs

Adverbs are used to define the characteristics of adjectives and verbs: **хорошо́** говори́ть (to speak well), **интере́сно** расска́зывать (to narrative interesting).

Adverbs are normally formed from other parts of speech.

From Nouns		Adverbs	
глубина́	depth	вглу́бь	downward
ряд	row	подря́д	in a row

From Adjectives		Adverbs	
хоро́ший	good	хорошо́	well
ру́сский	russian	по-ру́сски	russian way

From Numerals		Adverbs	
два́	two	вдвоём	two of us
пе́рвый	first	во-пе́рвых	First of all

From Pronouns		Adverbs	
ниче́й	no one's	вничью́	draw ending

НАРЕЧИЯ И ПРИЛАГАТЕЛЬНЫЕ		ADVERBS AND ADJECTIVES	
хорошо́		good 좋은	
хоро́ший	хоро́шая	хоро́шее	хоро́шие
пло́хо		badly 나쁜	
плохо́й	плоха́я	плохо́е	плохи́е
свобо́дно		free 자유로운	
свобо́дный	свобо́дная	свобо́дное	свобо́дные
интере́сно		Interesting 흥미로운	

Говорить по–русски!

| интере́сный | интере́сная | интере́сное | интере́сные |

The question for adverbs is how? <u>как</u>?
- <u>Как</u> он говорит по-русски?
- Он очень <u>хорошо</u> говорит по-русски.

УПРАЖНЕ́НИЯ

⮕ Проспряга́йте сле́дующие глаго́лы. Запо́лните табли́цу.

	Писать	Знать	Изучать	Делать	Читать
Я					
Ты					
Мы					
Вы					
Он					
Она					
Они					

⮕ Соста́вьте предложе́ния, испо́льзуя корре́ктную фо́рму глаго́лов «де́лать».

Что ты (делать) **делаешь?**   Я   **Я** (читать) **читаю журнал.**

Что **она**   ?   Она   упражнение.

Что **он**   ?   Он   письмо.

Что **ты**   ?   Ты   рассказ.

Что **они**   ?   Они   роман.

Русский язык в мире

Что **Вы** _____ ? Вы _____ правило.
Что **мы** _____ ? Мы _____ текст.

🔸 **Вставьте пропущенные местоимения, согласно образцу.**

Образец: Он читает упражнение.

1. _____ читает текст. 2. _____ читают роман.
3. _____ читаете правило. 4. _____ читаешь рассказ.
5. _____ читает журнал. 6. _____ делает упражнение.
7. _____ говорим по – русски. 8. _____ изучают русский язык.
9. _____ хорошо говорит по-английски. 10. _____ смотрите новости?

🔸 **Вставьте пропущенные глаголы, согласно образцу.**

Образец: Знать. Она знает это правило? Да, она знает это правило. - Нет, она не знает это правило.

Читать:	Вы сейчас _____ ?	Да, я _____ Нет, я _____
Понимать:	Вы меня _____ ?	Да, я Вас _____ Нет, я Вас
Писать:	Вы _____ рассказ?	Да, я _____ рассказ. Нет, я не _____ рассказ.
Знать:	Вы _____ русский язык.	Да, я _____ русский язык. Нет, я не _____ русский язык.
Делать:	Вы _____ упражнение.	Да, я _____ упражнение. Нет, я не _____ упражнение.

Говорить по-русски!

Изучать: Вы _____ английский.   Да, я _____ английский.
Нет, я не _____ английский.

🟠 Составьте предложения, используя корректную форму глаголов «делать» и «учить».

Образец: Что ты (делать) делаешь?
Я учу диалог. Он тоже учит диалог.

1. Что она (делать) _____ ?
_____ (делать) _____ упражнение.
Мы тоже (делать) _____ упражнение.

2. Что он (делать) _____ ?
_____ (учить) _____ диалог.
Они тоже (учить) _____ диалог.

3. Что они (делать) _____ ? _____ (учить) _____ монолог.
Они тоже (учить) _____ монолог.

4. Что Вы (делать) _____ ?
_____ (учить) _____ правило.
Она тоже (учить) _____ правило.

5. Что вы (делать) _____ ?
_____ (учить) _____ текст.
Они тоже (учить) _____ текст.

🟠 Проспрягайте следующие глаголы. Заполните таблицу.

	говорить	смотреть	учить	переводить

Я				
Ты				
Мы				
Вы				
Он				
Она				
Они				

⭢ Зако́нчите предложе́ния, испо́льзуя корре́ктную фо́рму глаго́лов. Запо́лните табли́цу.

Я	чита́ю	Я	смотрю́
Ты		Ты	
Мы	журна́л.	Мы	
Вы		Вы	
Он		Он	
Они		Они	

⭢ Зако́нчите предложе́ния, испо́льзуя корре́ктную фо́рму глаго́лов. Запо́лните табли́цу.

Я	де́лаю	Я	учу́
Ты		Ты	
Мы	упражне́ние.	Мы	пра́вило.
Вы		Вы	
Он		Он	
Они		Они	

⭢ Раскро́йте ско́бки, употреби́в корре́ктную фо́рму глаго́лов, согла́сно образцу́.

Образец : Она (мочь) мо́жет говори́ть по – англи́йский?

Говорить по-русски!

- Да, она может говорить по- английски.
- Нет, она не может говорить по – английски.

Вы (мочь) говорить по – китайски? Они (мочь) читать по-русски? Андрей (мочь) переводить рассказы. Марина (мочь) слушать и понимать новости? Алиса (мочь) свободно говорить по-японски? Эти студенты (мочь) переводить новости и фильмы? Ты (мочь) петь русские песни? Ты (мочь) читать романы по-французски?

⇨ Измените предложения, согласно образцу, используя «и».

Образец : Он делает упражнение или учит правило?
— Он учит правило и делает упражнение.

Он ужинает или смотрит телевизор? Она занимается спортом или слушает музыку? Они слушают диалоги или читают текст? Он обедает или читает роман? Они изучают английский язык или русский язык. Он делает упражнение или учит диалог?

⇨ Раскройте скобки, ответив утвердительно и отрицательно на следующие вопросы, согласно образцу.

Образец : Мария читает журнал? (письмо):
— Да, она читает журнал.
— Нет, она читает письмо.

1. Светлана смотрит телевизор? (слушает радио)
2. Она смотрит новости? (писать письмо)
3. Он пишет письмо? (учить правило)
4. Станислав изучает корейский язык? (учить китайский язык)
5. Они смотрят фильм? (читать текст)

Русский язык в мире

🔸 Отвéтьте утверди́тельно и отрицáтельно на слéдующие вопрóсы, соглáсно образцý.

Образец: Он слушает радио?:
- Да, он слушает радио
- Нет, он не слушает радио.

Она понимает правило? Они изучают корейский язык? Он делает упражнение? Ты понимаешь текст? Ты знаешь правило?

🔸 Задáйте вопрóс к кáждому предложéнию (к нарéчию), соглáсно образцý.

Образец : Она хорошо делает презентации
- Как она делает презентации?

Он читает текст хорошо. Он говорит по - русски прекрасно. Он говорит по-английски плохо. Светлана читает по – китайски свободно. Олег говорит по – итальянски очень хорошо. Махаил неплохо читает по -японски. Олег хорошо пишет по – французски. Марина прекрасно понимает по – английски. Максим свободно говорит по – русски.

🔸 Сформули́руйте утверди́тельный и отрицáтельный отвéты на предлóженные вопрóсы, соглáсно образцý.

Образец : Андрей говорит по-русски?
Да, он говорит по – русски. – Нет, он не говорит по-русски.

Она хорошо говорит по-английски? Он читает текст по-китайски? Анна переводит текст? Алиса читает роман? Александр говорит

163

по-китайски? Мария говорит по-французски? Махаил понимает по-английски?

⭕ **Сформули́руйте вопро́сы и утверди́тельные отве́ты, испо́льзуя глаго́л «люби́ть», согла́сно образцу́.**

Образец : Вы любите (изучать иностранные языки)?
– Да, я очень люблю изучать иностранные языки.

Изучать русский язык. Читать романы. Переводить рассказы. Изучать японский язык. Учить английский язык. Писать письма и смс. Изучать китайский язык. Читать газеты. Смотреть телевизор. Читать журналы. Смотреть новости. Слушать радио. Говорить по-русски. Петь песни. Изучать французский язык. Говорить по-английски.

⭕ **Запо́лните табли́цу, формули́руя предложе́ния, испо́льзуя корре́ктную фо́рму глаго́лов «мочь», «уметь», согла́сно образцу́.**

Вы	**умеете**	говорить по – русски?
Она		читать по - японски.
Ты		писать по-китайски.
Он		сейчас говорить?
Они		танцевать русские танцы.
Я		петь русские песни.
Вы		смотреть телевизор.

УРОК 11. ЧТО ВЫ ОБЫ́ЧНО ДЕ́ЛАЕТЕ У́ТРОМ? – У́ТРОМ Я РАБО́ТАЮ.

11 과. 당신은 아침에 주로 무엇을 하십니까?
– 나는 아침에 일을 합니다.

Мари́на и её мла́дший брат Макси́м.

У Мари́ны есть мла́дший брат. Его́ зову́т Макси́м. Он ещё студе́нт. У́тром он у́чится. Днём обе́дает с друзья́ми и де́лает дома́шнее зада́ние. Он чита́ет те́ксты, де́лает упражне́ния, у́чит диало́ги и моноло́ги, гото́вит презента́ции. Ве́чером он у́жинает.

Пото́м игра́ет с друзья́ми в баскетбо́л или футбо́л. До́ма Макси́м отдыха́ет. Он чита́ет кни́ги, смо́трит телеви́зор, слу́шает ра́дио и звони́т друзья́м. Макси́м ча́сто рабо́тает на компью́тере в интерне́те и ведёт блог.

ВОПРÓСЫ К ТÉКСТУ

- Как зовýт брáта Марины? Кто он? Скóлько емý лет? Что он обычно дéлает ýтром? Что Максим дéлает днём? Максим лю́бит спорт? Что он дéлает вéчером? Максим чáсто рабóтает на компью́тере?

ДАВÁЙТЕ ГОВОРИ́ТЬ ПО-РУ́ССКИ

Расскажи́те, пожáлуйста.

- Что обычно Вы дéлаете ýтром?
- Вы зáвтракаете дома?
- Что Вы дéлаете днём?
- Вы лю́бите занимáться спóртом? Вы лю́бите игрáть в баскетбóл?
- Что обычно, Вы дéлаете вéчером?

ДИАЛÓГ

Телефóнный разговор.

Разговóр стáршей сестры Вéры и Максима.

Вера: Здрáвствуй, Максим! Как Марина?

Максим: Вéра, здрáвствуй. Не волнýйся, всё хорошó. Ты же знáешь, она медсестрá, мнóго рабóтает.

Вера: Онá рабóтает ýтром?

Максим: Да, онá рабóтает весь день. Обéдает онá с друзья́ми. Потóм они пьют кóфе. Онá óчень лю́бит кóфе Латтé.

Вера: Онá зáвтракает тóже дóма?

Максим: Да, зáвтракает онá обычно дóма.

Ве́ра: Что она́ обы́чно де́лает по́сле рабо́ты?

Макси́м: По́сле рабо́ты она́ отдыха́ет: смо́трит телеви́зор, чита́ет газе́ты, журна́лы, пи́шет пи́сьма. Обы́чно, мы вме́сте у́жинаем в рестора́не. Ве́чером она́ занима́ется спо́ртом.

Ве́ра: Она́ игра́ет в сквош?

Макси́м: Да, она́ лю́бит игра́ть в сквош и встреча́ться с друзья́ми.

НО́ВЫЕ СЛОВА́

ГЛАГО́ЛЫ					
за́втракать	to have breakfast	아침 식사를 하다	рабо́тать	to work	일을 하다
обе́дать	to have lunch	점심 식사를 하다	занима́ться	to do	일하다
у́жинать	to have dinner	저녁 식사를 하다	встреча́ться	to meet	만나다
игра́ть	to play	놀이를 하다	писа́ть	to write	쓰다
отдыха́ть	to have rest	휴식을 취하다	гото́вить	to prepare	준비하다

НАРЕ́ЧИЯ					
у́тром	in the morning	아침에	всегда́	always	항상
днём	by day	낮에	как всегда́	as always	언제나처럼
ве́чером	in the evening	저녁에	иногда́	sometimes	때로는
обы́чно	usually	보통, 주로	никогда́	never	결코
ча́сто	often	자주	ре́дко	rarely	드물게
ка́ждый день	by day	매일	никогда́ не	never	결코~가 아니다
сего́дня	every day	오늘	как обы́чно	as usually	평소와 같이
IT Информацио́нные техноло́гии			Information technology		
интерне́т	internet	인터넷	блог	blog	블로그

СУЩЕСТВИТЕЛЬНЫЕ

баскетбо́л	basketball	농구	футбо́л	football	축구
гольф	golf	골프	те́ннис	tennis	테니스
бадминто́н	badminton	배드민턴	бейсбо́л	baseball	야구
сквош	squash	스쿼시	спорт	sport	스포츠
за́втрак	breakfast	아침 식사	обе́д	lunch	점심 식사
у́жин	dinner	저녁 식사	по́лдник	afternoon snack	오후 간식

НО́ВЫЕ ВЫРАЖЕ́НИЯ:

Что Вы сейчас делаете? What are you doing now?	**Я читаю роман.** I'm reading a novel.
Я люблю́ игра́ть в баскетбо́л	I like to play basketball
Я игра́ю в сквош	I like to play squash
Я люблю́ игра́ть в футбо́л	I like to play football
Мне нра́виться встреча́ться с друзья́ми.	I like to play football
Я люблю́ спорт	I like sport
Рабо́тать на компью́тере.	To work at the computer
Что вы делаете у́тром?	What are you doing in the morning?
У́тром я обы́чно рабо́таю	Usually I work in the morning
Я всегда́ у́жинаю в этом рестора́не.	I always have dinner in this restaurant..

Обы́чно я игра́ю в го́льф ве́чером.	I usually play golf in the evening.
Я рабо́таю ка́ждый день.	I work every day
Не волну́йся	Do not worry
Не волну́йтесь	Do not worry
Ты же зна́ешь …	You know …

ДАВА́ЙТЕ ГОВОРИ́ТЬ ПО-РУ́ССКИ!

- Светла́на, Вы лю́бите игра́ть в го́льф? - Да, я о́чень люблю́ игра́ть в го́льф и те́ннис. - Вы игра́ете в сквош? - Я ре́дко игра́ю в сквош. - Мой муж лю́бит игра́ть в сквош.	번역
번역	- Мари́на, Вы лю́бите ко́фе? - Да, я о́чень люблю́ ко́фе? - Вы ча́сто пьёте ко́фе? - Да, о́чень ча́сто. У́тром, днём и да́же ве́чером.

- Виктор неплохо говорит по-русски. - Да, он любит изучать русский язык. - Он хорошо читает и пишет по-русски. - Когда он изучает русский язык. - Обычно вечером. - Днём он занят, он работает. - Вечером он любит играть в гольф с друзьями.	번역
번역	- Что вы обычно делаете вечером? - Вечером я отдыхаю. Обычно я смотрю телевизор, слушаю «Новости». - Вы занимаетесь спортом вечером? - Я редко занимаюсь спортом вечером. Иногда я читаю книги или газеты.

ГРАММАТИ́ЧЕСКИЙ КОММЕНТА́РИЙ

Adverbs

Adverbs are used to define the characteristics of adjectives and verbs: **хорошо́** говори́ть (to speak well), **интере́сно** расска́зывать (to narrative interesting).

Adverbs are normally formed from other parts of speech.

Adverbs are words used to describe verbs, adjectives or other adverbs. They answer such questions as **Как?** (How?), **Где?** (Where?), **Когда́?** (When?), **Куда́?** (Where?), **Отку́да?** (From where?), etc.

Take a look at the example.

	Как?	**хорошо́, пло́хо, ти́хо, бы́стро**
Она́ говори́т по-ру́сски	Где?	**там, здесь**
	Когда́?	**сейча́с, иногда́, всегда́**

		Где она́ (обы́чно) чита́ет журна́лы?
Она́ чита́ет журна́лы	Где?	<u>Здесь</u> она́ обы́чно чита́ет журна́лы.
		Она́ чита́ет журна́лы <u>тут</u>.

		Как она́ говори́т по-ру́сски?
Она́ говори́т по-ру́сски	Как?	Она́ непло́хо говори́т по-ру́сски
		Она́ говори́т по-ру́сски свобо́дно.

<u>Когда́</u> мы за́втракаем?		Мы за́втракаем у́тром.
<u>Когда́</u> мы обе́даем?	Когда́?	Мы обе́даем днём.
<u>Когда́</u> мы у́жинаем?		Мы у́жинаем ве́чером.

УПРАЖНЕ́НИЯ

⬢ Сформули́руйте и запиши́те утверди́тельные и отрица́тельные отве́ты на ка́ждый вопро́с, согла́сно образцу́.

Образец : Павел рабо́тает? (отдыхать)
Да, он рабо́тает. - Нет, он не рабо́тает. Он отдыха́ет.

Марина читает? (обедать). Станислав ужинает? (работать). Она смотрит телевизор? (читать книги). Виктор изучает японский язык? (изучать русский язык). Марина играет в гольф? (играть в теннис). Светлана работает на компьютере? (смотреть «Новости»). Александр слушает радио? (слушать музыку). Профессор читает газеты. (читать журналы). Николай говорит по-китайски? (говорить по-английски). Она завтракает? (проверять почту). Он читает роман. (говорить по телефону).

⬢ Прочита́йте вопро́сы и напиши́те отве́ты на них, испо́льзуя существи́тельные в ско́бках, согла́сно образцу́.

Образец : Сейча́с она́ отдыха́ет и́ли рабо́тает?
Сейча́с она́ отдыха́ет.

Обы́чно ве́чером он смо́трит телеви́зор или занима́ется спо́ртом? (телеви́зор). Сейча́с он обе́дает или изуча́ет коре́йский язы́к? (коре́йский язы́к). У́тром он рабо́тает или отдыха́ет? (рабо́тает).

⬢ Приду́майте и напиши́те предложе́ния, испо́льзуя наре́чия.

Обы́чно. Всегда́. Как всегда́. Никогда́ не. То́же. Ка́ждый день.

● Задайте вопросы, используя словосочетания, и запишите ответы на них, согласно образцу.

Образец: Когда́ Вы смо́трите телеви́зор?

Я смотрю́ телеви́зор ве́чером.

  У́тро - У́тром   Ве́чер - Ве́чером

  День - Днём   Ночь - Но́чью

Читать газеты, писать письма, смотреть новости, завтракать, ужинать, играть в гольф, играть в теннис, заниматься в университете, готовить презентацию, делать домашнее задание, работать на компьютере, читать книги, работать, готовить завтрак, готовить обед.

● Прочита́йте те́кст. Приду́майте назва́ние к те́ксту.
Перепиши́те текст в тетра́дь. Зада́йте и напиши́те вопро́сы.
Соста́вьте те́кст по образцу́.

У́тром Мари́на рабо́тает. Обы́чно она за́втракает до́ма. Днём она то́же рабо́тает. Но обе́дает она до́ма. Здесь она иногда́ пьёт ко́фе. Она лю́бит это кафе́. По́сле рабо́ты Мари́на смо́трит телеви́зор, чита́ет газе́ты, журна́лы, пи́шет пи́сьма. Обы́чно она у́жинает в э́том рестора́не. Ве́чером она занима́ется спо́ртом.

● Прочита́йте вопро́сы и отве́ты на них. Перепиши́те текст в тетра́дь. Да́йте свой отве́т на ка́ждый вопро́с.

 Что он делает утром?   Утром он завтракает.
           Утром она занимается спортом.
          Утром она работает.
          Утром они читают газеты.

Говорить по-русски!

Что вы делаете днём?	Днём мы смотрим телевизор.
	Днём она изучает русский язык.
	Днём они учатся.
	Днём он работает.
Что Вы делаете вечером?	Вечером я отдыхаю.
	Вечером я читаю.
	Вечером я занимаюсь спортом.
	Вечером я ужинаю.

🢂 Закончите предложения и напишите их, согласно образцу.

Образец : Утром она обычно завтракает дома.

Днём он обычно _____ . Вечером мы, как всегда _____ . Утром я всегда _____ . Вечером он никогда не _____ . Утром мы иногда _____ . Каждый день мы _____ . Утром она иногда _____ . Днём она обычно _____ . Вечером она иногда _____ . Утром они всегда _____ . Вечером он, как всегда.

🢂 Раскройте скобки, впишите пропущенные глаголы.

1. Вы _____ газеты? (читать)
2. Да, я каждое утро _____ гезеты.
3. Утром Марина _____ (работать)
4. Обычно он _____ дома. (завтракать)
5. Днем они тоже _____ . (работать)
6. Но _____ они дома. (обедать)
7. Здесь мы иногда _____ кофе. (пить)
8. Она _____ это кафе. (любить)
9. После работы Павел _____ телевизор. (смотреть)

10. _____ газеты, журналы, (читать)

11. Мы _____ письма. (писать)

12. Обычно она _____ в этом ресторане. (ужинать)

13. Вечером она _____ спортом. (заниматься).

⬧ Напишите ответы на каждый вопрос, используя предлог «и», согласно образцу.

Образец : Он делает упражнение или учит правило?

Он учит правило и делает упражнение.

Он ужинает или смотрит телевизор? Она занимается спортом или слушает музыку? Они слушают диалоги или читают текст? Он обедает или читает роман? Они изучают английский язык или русский язык. Он делает упражнение или учит диалог?

⬧ Составьте и напишите предложения, используя слова «обычно» и «сейчас», согласно образцу.

Образец: Днем он обычно изучает русский язык?

Да, днём он обычно изучает русский язык? – Обычно, нет.
Обычно. Утром, он, работать. Вечером, он, отдыхать. Утром, Марина, завтракать дома?, Днём, она, обедать в ресторане? Вечером, она, встречаться с друзьями? Днём, Виктор, заниматься в университете?

Образец: Сейчас она обедает?
Да, сейчас она обедает. – Нет, она сейчас не обедает.

Сейчас. Вы, играть в баскетбол? Ты, говорить по телефону? Она, заниматься? Дедушка, смотреть телевизор. Друг, читать газеты. Марина, готовить презентацию. Светлана, проверять почту. Виктор, работать?

🔶 **Сформулируйте и напишите вопросы. Затем, дайте утвердительный и отрицательный ответ на каждый вопрос, согласно образцу.**

Образец: Вы любите читать? – Да, я люблю читать.

Нет, я не люблю читать.

Олег, читать романы. Харим, изучать русский язык. Мира, петь песни. Илья, переводить рассказы. Вы, играть в гольф. Ты, играть в теннис. Она, играть в баскетбол. Мама, читать романы и рассказы. Папа, читать газеты, смотреть «Новости». Дедушка, смотреть «Новости». Ты, играть в интернете. Марина, изучать русский язык. Виктор, играть в футбол.

УРОК 12. МЫ ИЗУЧÁЕМ РУ́ССКИЙ ЯЗЫ́К В КОРÉЕ И В РОССИ́И.

12 과. 우리는 한국과 러시아에서 러시아어를 배웁니다.

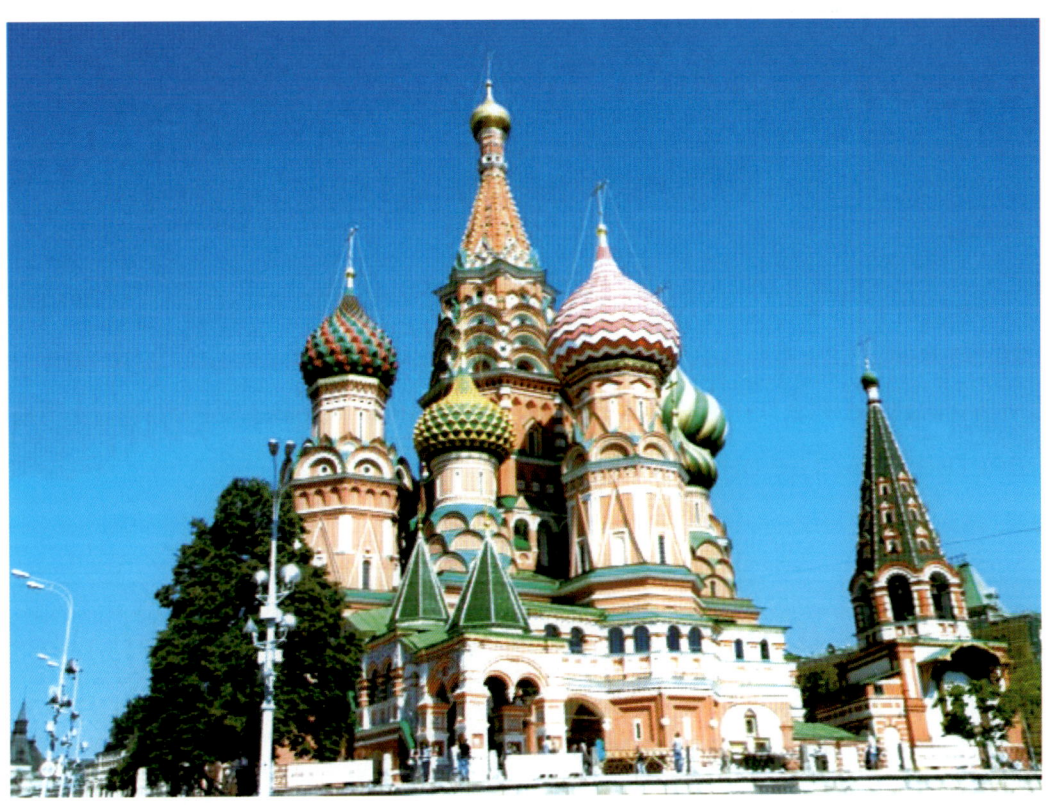

Мы изучáем рýсский язы́к в Росси́и и в Корéе.

Мари́на и Светлáна студéнтки. Сейчáс Мари́на живёт в Корéе. Сейчáс она в университéте. Она изучáет рýсский язы́к. Сейчáс урок. Мари́на в клáссе. На урóке óчень интерéсно. Преподавáтель чáсто расскáзывает о культýре и об истóрии Росси́и, готóвит презентáции, покáзывает фи́льмы о Росси́и. Студéнты рабóтают в интернéте на сáйте «Рýсский мир». Они́ слýшают и повторя́ют диалóги, выполня́ют упражнéния в тетрáди, и́щут незнакóмые словá в словарé. Студéнты читáют рýсские литератýрные произведéния. Сегóдня они́ читáют ромáн «Евгéний Онéгин». Этот ромáн написáл вели́кий рýсский поэ́т и

177

Говорить по-русски!

писа́тель Алекса́ндр Серге́евич Пу́шкин.

Светла́на в э́том году́ изуча́ет ру́сский язы́к в Росси́и. Сейча́с она́ живёт в Москве́. Она́ у́чится в Моско́вском госуда́рственном университе́те и́мени Ломоно́сова. Ей о́чень нра́вится жить, и учи́ться Росси́и. Она́ лю́бит путеше́ствовать. Светла́на уже́ была́ в Санкт – Петербу́рге, в Екатеринбу́рге и в Яросла́вле.

ВОПРО́СЫ К ТЕ́КСТУ

Где́ Мари́на изуча́ет ру́сский язы́к? Где́ сейча́с нахо́дится Мари́на? Что́ обы́чно де́лают на уро́ке студе́нты? Где́ сейча́с Светла́на? В како́м университе́те она́ изуча́ет ру́сский язы́к? Светла́на лю́бит путеше́ствовать? Где она́ уже́ была́?

ДАВА́ЙТЕ ГОВОРИ́ТЬ ПО-РУ́ССКИ

- ❖ Что́ Вы обы́чно де́лаете на уро́ке ру́сского языка́ в кла́ссе?
- ❖ Вы изуча́ете ру́сский язы́к в Коре́е? Где вы изуча́ете ру́сский язы́к (в шко́ле, в университе́те)?
- ❖ Вы изуча́ли ру́сский язы́к в Росси́и?

ДИАЛО́Г

Светлана: Алло́!
Марина: Да, слу́шаю Вас.
Светлана: До́брый ве́чер! Это Светла́на.
Марина: А, Светла́на, до́брый ве́чер? Ра́да тебя́ слы́шать. Как дела́ в Росси́и?
Светлана: Всё о́чень хорошо́, спаси́бо. Как твои́ дела́?

Марина:	Отлично!		
Светлана:	Марина, где ты сейчас? В университете?		
Марина:	Нет, я сейчас не в университете. Я дома.		
Светлана:	Что ты сейчас делаешь?		
Марина:	Я делаю домашнее задание. Сейчас я готовлю доклад и презентацию на компьютере?		
Светлана:	А какая тема?		
Марина:	«А.С.Пушкин. Роман Евгений Онегин».		
Светлана:	Это очень интересно! Знаешь, в Санкт – Петербурге я была в театре на опере «Евгений Онегин». Я пришлю тебе фотографии на е-мэйл.		
Марина:	Спасибо! Как интересно! Ты путешествуешь в России?		
Светлана:	Да, я уже была в Ярославле и в Екатеринбурге.		

НОВЫЕ СЛОВА

НАРЕЧИЯ, ПРИЛАГАТЕЛЬНЫЕ		부사, 형용사	
великий 훌륭한	great	уже 벌써, 이미	already
русский 러시아의	Russian	литературный 문학의	literature

ГЛАГОЛЫ		동사	
показывать 보여주다	show	выполнять 실행하다, 수행하다	do
повторять 반복하다	repeat	путешествовать 여행하다	travel
искать 찾다	search	жить 살다	live
слышать 듣다	hear	быть 있다	be
рассказывать 말하다, 이야기하다	tell	изучать 공부하다	study

СУЩЕСТВИТЕЛЬНЫЕ		명사	
презентáция 발표	presentation	культýра 문화	culture
литератýра 문학	literature	урок 수업	lesson
теáтр 극장	theater	óпера 오페라	opera
фильм 영화	film	истóрия 역사	history
произведéние 작품	product	доклáд 레포트, 보고서	report

СУЩЕСТВИТЕЛЬНЫЕ 러시아의 지역 Российские города	Russian cities
Москвá	Moscow
(Столи́ца Росси́йской Федерáции)	(Capital of the Russian Federation)
Санкт - Петербýрг	Sankt - Petersburg
Екатеринбýрг	Yekaterinburg
Ярослáвль	Yaroslavl
Москóвский госудáрственный университéт им. Ломонóсова	Moscow State university (M.V. Lomonosova)
Алексáндр Сергéевич Пýшкин	Alexandr Sergeevich Pushkin, famous Russian writer and poet
Ромáн «Евгéний Онéгин»	Novel "Evgenii Onegin"

НО́ВЫЕ ВЫРАЖЕ́НИЯ:

Преподава́тель ча́сто расска́зывает 선생님은 자주 이야기한다. Professor very often tell us	о Росси́и 러시아에 대해	about Russia
	об исто́рии 역사에 대해	about history
	о тради́ции 전통에 대해	about tradition
	о культу́ре 문화에 대해	about culture
	о литерату́ре 문학에 대해	about literature
Пришли́ мне, пожа́луйста, на е-мэ́ил e-mail로 보내주세요. Send me on my e-mail, please	фотогра́фии 사진	photos
	докла́д 레포트	report
	письмо́ 편지	letter
Вы лю́бите путеше́ствовать? 당신은 여행을 좋아합니까? Do you like travelling?	Да, о́чень. Я побыва́ла в Москве́ 네, 아주 좋아합니다. 저는 모스크바에 다녀왔습니다.	Yes, I like it so much. I was in Moscow
	в Санкт-Петербу́рге 상트-페테르브르크에	in Sankt Petersburg
	во Владивосто́ке 블라디보스토크에	in Vladivostok

Я жду тебя́ 나는 너를 기다린다.	I waiting for you
Подожди́те меня́! 기다려주세요!	Wait me!
Помоги́те, пожа́луйста! 도와주세요!	Help me!
Хо́чешь, я помогу́ тебе́? 도와드릴까요?	If you want, I'll help you
Спаси́бо, что помога́ешь. 도와주셔서 감사합니다.	Thank you for you help (that you help me)
Мы гото́вим презента́цию. 우리는 프리젠테이션을 준비한다.	We prehearing a presentation
Те́ма: «Медици́нский тури́зм». 주제: 《의료 관광》	The theme: "Medicine tourism"
Лу́чшая подру́га. 친한 여자친구	best friend
Лу́чший дру́г. 친한 남자친구	

ДАВА́ЙТЕ ГОВОРИ́ТЬ ПО-РУ́ССКИ!

Хари́м изуча́ет ру́сский язы́к в Росси́и. Она́ у́чится в университе́те, в Москве́. Она́ лю́бит путеше́ствовать. Хари́м уже́ побыва́ла в Санкт – Петербу́рге, в Яросла́вле и в Екатеринбу́рге.	번역
번역	Мари́я изуча́ет коре́йский язы́к в Сеу́ле. Она́ то́же о́чень лю́бит путеше́ствовать. Она́ побыва́ла в Пуса́не, в Кёнджу, в Улса́не, в Канны́не и в Сокчо́.
Хари́м мно́го чита́ет о Росси́и. Она́ лю́бит чита́ть об исто́рии, о культу́ре и о тради́циях страны́.	번역
	Мари́я живёт в Росси́и, в Москве́. Она́ студе́нтка. Мари́я изуча́ет коре́йский язы́к в университе́те. Её ма́ма, Ната́лья Ива́новна профе́ссор. Она́ рабо́тает в университе́те. Её па́па, Ви́ктор Серге́евич рабо́тает в больни́це. Он врач. У Мари́и есть ста́ршая сестра́. Её зову́т Светла́на. Она́ у́чится в шко́ле.

ГРАММАТИ́ЧЕСКИЙ КОММЕНТА́РИЙ

ПРЕДЛОЖНЫЙ ПАДЕЖ ИМЁН СУЩЕСТВИТЕЛЬНЫХ (ЕДИНСТВЕННОЕ И МНОЖЕСТВЕННОЕ ЧИСЛО)
PREPOSITIONAL CASE OF NOUNS (SINGULAR AND PLURAL)

Род	Именительный падеж что?	Предложный падеж где?	Окончания
Мужской род	театр	в театре	-е
	словарь	в словаре	-е
	музей	в музее	-е
Женский род	комната	в комнате	-е
	деревня	в деревне	-е
	тетрадь	в тетради	-и
	аудитория	в аудитории	-и
Средний род	письмо	в письме	-е
	море	в море	-е
	здание	в здании	-и
Множественное число	театры	в театрах	-ах
	словари	в словарях	-ях
	комнаты	в комнатах	-ах
	деревни	в деревнях	-ях
	письма	в письмах	-ах
	моря	в морях	-ях

PREPOSITIONAL CASE OF NOUNS

Questions:

О КОМ? О ЧЁМ?

ГДЕ?

명사의 전치격

Где?에 대한 대답에서는 장소의 부사가 사용되거나 또는 명사의 전치격이 전치사 в 또는 на 와 함께 사용된다.

어머니는 어디에 있습니까?	Где мама?
그녀는 집에 있습니다.	Она дома.
책은 어디에 있습니까?	Где (находится) книга?
책은 책상 위에 있습니다.	Книга (находится) на столе.
책은 책상 속에 있습니다.	Книга (находится) в столе.

[해설]

소수의 명사들은 전치격에서 어미 у를 취한다 : в шкафу, на полу, в углу, в саду, на мосту, на берегу 등.

Запомните формы существительных в предложном падеже.
Memorize the forms of nouns in prepositional case.

что? (и.п. 1)	где? (п.п. 6)
шкаф	в (на) шкафу
угол	в (на) углу
пол	на полу
лес	в лесу
сад	в саду
мост	на мосту
аэропорт	в аэропорту

명사 кино, пальто, метро, кафе, кофе, радио, такси, меню 등은 수와 격에 관계없이 변화하지 않는다.

전치사 В, НА + 전치격의 용법

전치사 в는 일반적으로 건물이나 폐쇄된 장소를 나타내는 명사와 함께 쓰이며, 전치사 на는 사람들이 모이는 활동이나 사건(발레, 음악회 등)등을 나타내는 명상와 함께 사용된다. 그러나 전치사 в나 на의 사용에 대한 정확한 기준은 없으므로 별도로 익혀두어야 한다.

ГДЕ?			
в		на	
в больнице	병원에서	на станции	기차역에서
в городе	도시에서	на лекции	강의에서
в гостинице	호텔에서	на стадионе	경기장에서
в институте	연구소에서	на заводе	공장에서
в кафе	카페에서	на спектакле	연극에서
в кино	영화관에서	на остановке	정류장에서
в классе	교실에서	на семинаре	세미나에서
в комнате	방에서	на концерте	연주회에서
в ресторане	레스토랑에서	на улице	길에서
в Сеуле	서울에서	на востоке	동쪽에서
в стране	나라에서	на экзамене	시험에서
в театре	극장에서	на почте	우체국에서
в университете	대학에서	на работе	직장에서
в цирке	서커스에서	на уроке	수업에서
в школе	학교에서	на вокзале	기차역에서

Обратите внимание. Pay attention

Жить (где?)	в Санкт-Петербурге	на улице Гоголя
	в Москве	
	в Канныне	
	в Сеуле	
Учиться (где?)	в университете	на факультете
	в институте	на первом курсе
	в школе	на родине

Обратите внимание. Pay attention

	в театре	на заводе
	в библиотеке	на фабрике
Работать (где?)	в музее	на почте
	в фирме	
	в магазине	

동사 учить와 учиться와 изучать의 용법

동사 учить, изучать 다음에는 명사의 대격이 오며, учиться 다음에는 주로 장소를 나타내는 표현이 온다.

Обратите внимание на разницу глаголов *учить*, *учиться*, *изучать*. Pay attention to the difference between the verbs учить, учиться, изучать.

Учиться (где?)	Учить (что?)	Изучать (что?)
в школе	слова	Русский язык
в институте	текст	Корейский язык
в университете	диалог	Английский язык

Говорить по-русски!

Выучите спряжение глаголов.
Learn the conjugation of Russian verbs.

동사 находиться 의 변화.

Находиться II с			
Я	нахожусь	МЫ	находимся
ТЫ	находишься	ВЫ	находитесь
ОН, ОНА, ОНО	находится	ОНИ	находятся

동사 жить 의 변화.

Жить I с			
Я	живу	МЫ	живём
ТЫ	живёшь	ВЫ	живёте
ОН, ОНА, ОНО	живёт	ОНИ	живут

Обратите внимание. Pay attention.

ЖИТЬ	Жить в Москве	to live in Moscow
УЧИТЬСЯ	Учиться в университете	to study at the university
РАБОТАТЬ	Работать в банке	to work in the bank
ГУЛЯТЬ	Гулять в парке	to walk in the park
ОТДЫХАТЬ	Отдыхать в гостинице	to have a rest in the hotel
ЗАНИМАТЬСЯ	Заниматься в классе	to study in class
НАХОДИТЬСЯ	Находиться на Востоке	located on the east

УПРАЖНЕ́НИЯ

◯ Вы не знаете, где ваш друг. Как вы спросите об этом?
   You do not know, where your friend is. How will you ask about it?

   Образец: – Харим, скажи, пожалуйста, где Мина?
   – Она в библиотеке.

◯ Читайте. Обращайте внимание на произнесение предлога в с существительными.
   Read. Pay attention to the pronunciation of the preposition в with nouns.

В столе, в книге, в школе, в словаре, в Санкт-Петербурге, в Ставрополе, в тексте, в комнате, в парке, в театре, в центре, в саду, в шкафу, в тетради, в кино, в клубе, в городе, в группе, в библиотеке, в деканате, в музее, в Москве, в институте, в академии, в общежитии, в аудитории.

◯ Поставьте слова в скобках в правильную форму.
   Put the words given in brackets in the appropriate form.

1. Дмитрий Антонов живёт (Новосибирск), а его родители живут (Москва). 2. Олег Владимиров живёт (деревня), а его брат живёт (город). 3. Игорь учится (институт), а его брат учится (школа). 4. Нина живёт (Ставрополь) и учится (институт, первый курс). 5. Я учусь (университет). 6. Ахмед учится (Россия), а его друг учится (родина).

Говорить по-русски!

⭕ Вставьте вместо точек глаголы учиться, учить, изучать.
   Insert the verbs *учиться*, *учить*, *изучать*.

1. Ахмед … в университете на первом курсе. Он … . Русский язык. Он каждый день … . новые слова и грамматику. 2. Раджив … математику. Он … в институте. 3. Салех – несерьёзный человек. Он плохо … . Он не … слова и грамматику. 4. Денис Андреев … в университете. Он … английский язык и литературу. Он каждый день … английские тексты.

⭕ Пригласите друга в гости и скажите ему, где вы живёте.
   Invite your friend to your place and tell him where you live.

   Образец: – Хуан, приходи, пожалуйста, в гости. Я живу на улице Мира, дом 10, квартира 5.
   – Спасибо, Денис.

⭕ Расскажите, где вы живёте, где вы учитесь, что вы изучаете, где живут и учатся ваши братья и сёстры, что они изучают, где учатся ваши друзья, что они изучают.
   Tell where you live, study, what you learn, where your brothers and sisters study.

⭕ Прочитайте текст и скажите, где работают Сергей Петрович и его жена.
   Read the text and tell where Sergey Petrovich and his wife work.

Сергей Петрович Иванов – преподаватель русского языка. Он работает в университете на кафедре русского языка. А это его иностранные студенты. Они учатся в университете на первом курсе. Они изучают русский язык. Каждый день они учат слова и

грамматику, читают и рассказывают тексты, пишут упражнения. Они хорошо учатся и уже немного говорят по-русски. Они хотят хорошо знать русский язык, потому что хотят учиться в России.

Сегодня Сергей Петрович не работает. Он дома. А это его жена. Её зовут Наталья Петровна. Наталья Петровна – артистка. Она работает в театре. Наталья Петровна
– умная, весёлая женщина. Она хорошо танцует и поёт.

◯ Поставьте слова в скобках в нужную форму.
 Put the words given in brackets in the appropriate form.

1. Сергей Петрович – преподаватель. Он работает (университет). 2. Иван Иванович – инженер. Он работает (завод). 3. Наталья Петровна – артистка. Она работает (театр). 4. Владимир – врач. Он работает (поликлиника). 5. Тамара Андреевна – библиотекарь. Она работает (библиотека). 6. Галина Ивановна – продавец. Она работает (магазин). 7. Василий Антонович – строитель. Он работает (стройка). 8. Степан Петрович работает (музей), а его жена работает (почта).

◯ Прочитайте текст.
 Read the text.

Антон Петров – молодой журналист. Он живёт в Петербурге и работает в газете «Смена». Он пишет статьи и делает фотографии.

Его отец Иван Иванович – инженер. Он работает на заводе. Его мать Елена Ивановна – врач. Она работает в поликлинике. Его брат Игорь – бизнесмен. Он работает в фирме. Его сестра Наташа ещё не работает. Она студентка. Она учится в университете. Наташа изучает русский язык и литературу.

Говорить по-русски!

○ **Ответьте на вопросы.**
  Answer the questions.

Где работает Антон Петров? Кто он? Где работает его отец? Кто он? Где работает его мать? Кто она? Где работает его брат? Кто он? Его сестра работает или учится? Кто она?

○ **Расскажите, где работают ваши родители.**
  Tell where your parents work.

○ **Напишите преопожения, раскройте скобки употребив спова в корректной рорме.**

Где (твой, твоя, твоё)_____ дедушка?
Вот (он, она, оно) _____ .
Что (он, она, оно) _____ сейчас (делать)_____?
(Он, она, оно)_____ (читать)_____ журнал.
Где (твой, твоя, твоё) _____ папа.
Вот (он, она, оно)_____ .
Что он (делать)_____?
(Он, она, оно) _____(читать)_____ книгу.
Дедушка и папа очень (любить)_____ читать.
(Мой, моя, моё) _____ мама тоже любит читать.
Что (он, она, оно)_____ сейчас (читать)_____?
Она (читать) _____ роман.
Каждый день (он, она, оно)_____ (читать)_____ газеты.
Рома, а ты (любить) _____ читать.
Да, я очень (любить) _____ читать.
Что ты (любить)_____ читать?
Я (любить) _____читать журналы

⭕ Поставьте слова в скобках в нужную форму.
　Put the words given in brackets in the appropriate form.

Наша комната может многое о нас рассказать.

Это Олег. Он студент. Это его комната. В (комната) у окна стоит стол. Справа от (стол) стоит кравать и книжный шкаф. В (угол) (комната) стоит теренажёр. Олег любит заниматься спортом. А ещё он любит читать, у Олега большая электронная библиотека. Он любит выходить в (море) на (яхта) и фотографировать. На (стена) в его (комната) висят его фотографии. На (стол) стоит его компьютер, ноутбук, телефон, принтер и настольная лампа. В (стол) лежат ручки, карандаши и тетради. На (кресло) лежит сумка. В (сумка), айпэд, айфон и фотоаппарат. В (угол) стоит гитара. Олег любит слушать (музыка). Иногда он играет на (гитара) любимые песни Высоцкого, Окуджавы, Визбора и многие другие. Комната Олега светлая, просторная и уютная. Олег не любит убираться, поэтому он всегда поддерживает порядок и чистоту.

УРОК 13. ГДЕ ВЫ ИЗУЧА́ЛИ РУ́ССКИЙ ЯЗЫ́К? - МЫ ИЗУЧА́ЛИ РУ́ССКИЙ ЯЗЫ́К В МОСКВЕ́?

13 과. 당신은 어디에서 러시아어를 배웠습니까?
- 우리는 모스크바에서 러시아어를 배웠습니다.

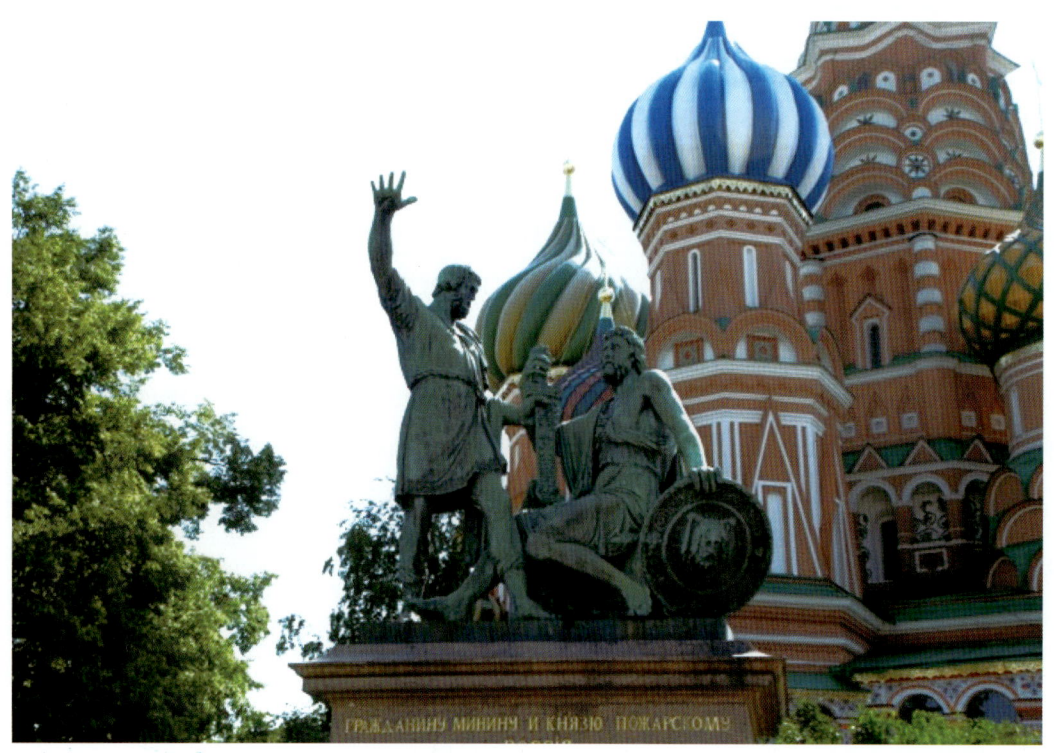

Мы изуча́ли ру́сский язы́к в университе́те, в Росси́и.

Хари́м студе́нтка. В про́шлом году́ она́ изуча́ла ру́сский язы́к в университе́те, в Росси́и. Она́ жила́ в Москве́. Она училась в Моско́вском Госуда́рственном университе́те и́мени М.В.Ломоно́сова. Э́то оди́н из лу́чших университе́тов в Росси́и. Хари́м ещё пло́хо говори́ла по-ру́сски, но она́ уже́ хорошо́ чита́ла и мно́гое понима́ла. В кла́ссе студе́нты переводи́ли те́ксты, чита́ли интервью́ и де́лали упражне́ния. В общежи́тии Хари́м слу́шала ра́дио и смотре́ла фи́льмы. Её бы́ло о́чень интере́сно изуча́ть ру́сский язы́к в Москве.

У Хари́м была́ подру́га. Её зову́т Мари́я. Она́ ру́сская студе́нтка.

Мария живёт в Москве. Она изучала корейский язык в университете. Вместе они любили ходить на выставки, в театры, в кино, в музеи и на концерты. Мария и Харим вместе читали русские книги в библиотеке. Мария часто рассказывала Харим о богатой культуре, традициях и истории России.

ВОПРОСЫ К ТЕКСТУ

- Где Харим изучала русский язык? Что делали студенты на уроке, в классе? Что Харим обычно делала дома? У Харим была подруга? Как её зовут? Где она живёт? Куда и Мира и Харим любили ходить вместе? О чём Мария часто рассказывала Харим?

ДАВАЙТЕ ГОВОРИТЬ ПО-РУССКИ

- Вы любите путешествовать?
- В каких городах Вы уже побывали в Корее?
- Расскажите, пожалуйста, в каких странах и городах Вы уже были? Расскажите о своих впечатлениях.

ДИАЛОГ

Мина: Я изучаю русский язык и готовлю презентацию о России. У тебя есть словарь?

Харим: Да, вот на столе лежит корейско – русский словарь. Там, на полке стоит русско – корейский словарь. В сумке ноут-бук. Есть программа «Пауэр поинт». В этой папке мои фотографии.

Мина: Отлично! Спасибо! Ты хорошо говоришь по-русски! Где

	ты изучáла рýсский язык?
Харим:	Я изучáла рýсский язы́к в Росси́и, в Москвé?
Мина:	В какóм университéте ты учи́лась?
Харим:	Я учи́лась в Москóвском госудáрственном университéте имени М.В.Лмонóсова.
Мина:	Скóлько лет ты изучáла рýсский язы́к?
Харим:	Всегó оди́н год.
Мина:	Я никогдá не былá в Росси́и. Тебе понравилось изучать русский язы́к в Москвé?
Харим:	Да, óчень. У меня́ былá подрýга. Онá студéнтка, тóже учи́лась в университéте. Её зовýт Мари́я. Она изучáла корéйский язы́к. Онá во всём помогáла мне. Мы чáсто ходи́ли в теáтр, в кинó и на вы́ставки. Иногдá éздили на экскýрсии. Бы́ли в Санкт-Петербýрге, Яросла́вле и Екатеринбýрге.

НÓВЫЕ СЛОВÁ

ГЛАГОЛЫ					
изучáть	to study	공부하다	**помогáть**	to help	도와주다
готóвить	to prepare	준비하다	**расскáзывать**	to tell	이야기하다
ждáть	to wait	기다리다	**сказáть**	to say	말하다
занимáться	to do	일하다	**говори́ть**	to speak	말하다

СУЩЕСТВИТЕЛЬНЫЕ					
интервью́	interview	인터뷰	**Си-Эн-Эн**	CNN	CNN
канáл	channel	채널	**шоу**	show	쇼
нóвости	news	뉴스	**передáча**	program	방송, 프로그램

| програ́мма | program | 프로그램 | | | |

IT Информацио́нные техноло́гии						
ноутбу́к	notebook	노트북	презента́ция	presentation	프리젠테이션

ДАВА́ЙТЕ ГОВОРИ́ТЬ ПО-РУ́ССКИ!

Алло́! Светла́на? Да, слу́шаю Вас? Прости́те, кто э́то говори́т? Э́то Еле́на. Еле́на, ра́да тебя́ слы́шать. Я звони́ла вчера́? Где ты была́ на выходны́х? Я была́ в Сеу́ле, до́ма. В суббо́ту я была́ на конце́рте.	번역
번역	Что ты де́лал вчера́? Он смотре́л телеви́зор, кана́л CNN, слу́шал но́вости.
Каки́е языки́ Вы он изуча́л? Он изуча́л англи́йский и коре́йский языки́ в университе́те. Он изуча́л ру́сский язы́к? Да, он изуча́л ру́сский язы́к в Сеу́ле два ме́сяца. Э́то о́чень интере́сно. В про́шлом году́ он был в Росси́и, в Москве́.	번역

ГРАММАТИ́ЧЕСКИЙ КОММЕНТА́РИЙ

Вы́учите табли́цу. Learn the table.

ПРОШЕ́ДШЕЕ ВРЕ́МЯ ГЛАГО́ЛА
THE PAST TENSE OF THE VERBS

Инфинити́в	Проше́дшее вре́мя
чита́ть	он чита́л она́ чита́ла они́ чита́ли
занима́ться	он занима́лся она́ занима́лась они́ занима́лись

The Past Tense. In order to describe events or actions which took place in the past, the past tense form of the verb is used. There is only one form of the past tense in Russian.

In the present tense verbs are changed for person and number. In the past tense verbs are changed for gender and number.

In order to understand which person the past tense is attributed to (outside the context), the personal pronoun or noun must be used: Я отдыха́л. But: – Ты отдыха́л? – Да, отдыха́л (The person is clear from the context).

The 1st and the 2nd conjugation verbs (regular and majority of irregular ones form the past tense according to the same pattern: stem of infinitive, suffix -л- and gender endings: -а- for feminine, -о- – for neuter, and -и- – for all genders in plural: отдыха́ть отдыха́л, отдыха́ла, отдыха́ли.

Certain irregular verbs form the past tense in a peculiar way. But such verbs aren't numerous. For example:

мочь – мог, могла, могли
расти – рос, росла, росли
есть – ел, ела, ели

Adverbs of Time. Adverbs of time are used to indicate the time when an action takes place, to show the duration of an action or how frequently it is repeated. They also modify a verb.

Обрати́те внима́ние. Pay attention.

Кого вы видели?	Что вы видели?
Я видел Виктора.	Я видел автобус.
Я видел Тамару	Я видел машину
Я видел студентов и студенток	Я видел автобусы и машины

Говорить по-русски!

УПРАЖНЕ́НИЯ

⚡ 1. Образуйте формы прошедшего времени от следующих глаголов.
   Form the past tense.

   Читать, повторять, писать, понимать, знать, делать, учить, петь, танцевать, переводить, жить, работать, изучать, учиться, отвечать, спрашивать, любить, объяснять, говорить, смотреть.

⚡ 2. Измените предложения по образцу.
   Change the sentences according to the example.

   Образец: Сейчас я учу новые слова. …
   Сейчас я учу новые слова. – Вчера я тоже учил новые слова.

   1. Сейчас Ахмед слушает музыку. …
   2. Сейчас мы пишем упражнения. …
   3. Борис и Виктор играют в футбол. …
   4. Анна смотрит телевизор. …
   5. Сейчас Сергей Петрович объясняет грамматику. …
   6. Анвар и Ахмед читают газеты. …
   7. Хуан и Мария танцуют на дискотеке. …
   8. Сегодня Тамара учит стихи А.С. Пушкина. …
   9. Сейчас мы повторяем слова. …
   10. Сегодня мы пишем диктант. …

⚡ 3. Прочитайте текст. Напишите его. Поставьте глаголы в форму прошедшего времени.
   Read the text. Write it. Put the verbs in the past.

   Что мы делаем в аудитории? Мы говорим, читаем и пишем по-русски. Наша преподавательница Анна Петровна тоже говорит по-русски. Мы хорошо понимаем её. Ахмед читает текст, а мы слушаем. Ахмед читает очень хорошо. Потом мы пишем диктант. Сначала Анна Петровна читает весь текст. Потом она читает каждое предложение два раза, а мы пишем его. Потом она проверяет наши тетради и исправляет ошибки.

4. Спросите товарища, что он делал вчера вечером (сегодня утром и т.д.).
Ask your friend what he did yesterday.

Образец: – Олег, что ты делал вчера вечером?
– Читал книгу. А ты?
– А я слушал радио.

5. Задайте вопросы по образцу.
Ask the questions according to the example.

Образец: – Вчера я видел Наташу. – Вчера я видел интересный учебник. – Кого ты видел? – Что ты видел?

1. Вчера я два часа ждал Ивана.
2. Сегодня я видел Анну.
3. Вчера я читал интересную книгу.
4. Позавчера я смотрел новый журнал.
5. Я долго искал тетрадь и учебник.
6. Декан спрашивал Ахмеда.
7. Я изучал математику.

Говорить по-русски!

6. Ответьте на вопросы. Используйте слова в скобках.
Answer the questions. Use the words in brackets.

1. Что вы читали сегодня утром? (газета)
2. Кого Денис сегодня встречал? (Нина и Алексей)
3. Кого вы ждёте? (друзья)
4. Что студент берёт на урок? (учебник, тетрадь, ручка, карандаш, словарь)
5. Кого обычно Алексей встречает утром? (Анна, Виктор, Таня, преподаватели)
6. Что обычно читают студенты? (книги, журналы, газеты)
7. Кого готовит институт? (инженеры, программисты, математики, экономисты)
8. Кого Салех видел? (врач и медсёстры).

7. Задайте вопросы к подчёркнутым словам.
Ask the questions to the underlined words.
Как вы думаете?
What do you think?

Почему Макс иногда не понимает Стаса?
Почему сейчас у Стаса большие проблемы в университете?
Почему раньше Стас любил учиться, а сейчас не любит?

8. Поставьте слова в скобках в нужную форму.
Put the words in the appropriate form.

1. Я покупаю (машина, куртка, рубашка, сумка, ботинки).
2. Вчера я видел (профессор, бабушка, друг, преподаватель).
3. Она покупает (шуба, платье, сапоги, шапка, сумка).
4. Я жду (подруга, друзья, декан, сестра, брат, врач).

5. Я слушаю (опера, музыка, радио, магнитофон, песни).
6. Мы смотрим (кино, телевизор, комедия, балет, трагедия, детектив).
7. Ты изучаешь (медицина, экономика, русский язык, биология, химия, математика).

◯ 9. Поставьте слова в скобках в нужную форму.
   Put the words in the appropriate form.

1. Дмитрий давно не видел (его старшая сестра).
2. Виктор очень любит (этот французский артист).
3. Денис целый час ждал в парке (его подруга).
4. Курт любит (его отец и его мать).

◯ 10. Ответьте на вопросы. Используйте слова в скобках.
    Answer the questions. Use the words in brackets.

1. Кого вы здесь ждёте? (наш преподаватель)
2. Кого вы встречали? (ваш старый друг)
3. Кого Олег видел вчера? (знакомая студентка)
4. Кого студенты приглашали позавчера? (известные писатели)
5. Кого внимательно слушали студенты? (старый профессор)

◯ 11. Ответьте на вопросы. Используйте слова в скобках.
    Answer the questions. Use the words in brackets.

1. Кого вы видели вчера? (этот молодой человек).
2. Кого вы ждёте здесь? (мой хороший друг и его сестра)
3. Что он хочет купить? (белая рубашка)
4. Что вы слушали сегодня? (русская музыка)
5. Кого вы видите каждый день? (наша преподавательница)
6. Кого вы встречаете утром? (один знакомый студент)

7. Что вы читали? (интересная статья)

8. Кого видели студенты? (известные писатели и поэты)

🟠 **12. Задайте вопрос: кого? что?**
   Answer the question: кого? что?

1. Мы любим отца и мать. Я люблю университет.

2. Я видел новый фильм. Утром я видел Марту.

3. Ахмед хорошо знает математику. Ахмед хорошо знает Виктора.

4. Мы внимательно слушаем преподавателя. Вечером мы всегда слушаем музыку.

5. Студенты видели этот новый фильм. Ты видел сегодня Андрея?

УРОК 14. ЗА́ВТРА У ХАРИ́М ДЕНЬ РОЖДЕ́НИЯ!
14 과. 내일은 하림의 생일입니다!

За́втра у Хари́м день рожде́ния!

За́втра у Хари́м День рожде́ния. Она́ уже́ пригласи́ла мно́го друзе́й. На пра́здник прие́дут де́душка и ба́бушка из Сеу́ла. А ещё на пра́зднике бу́дет брат Хари́м и мла́дшая сестра́. Пра́здник бу́дут отмеча́ть в коре́йском рестора́не. Друзья́ бу́дут поздравля́ть Хари́м. Они́ бу́дут дари́ть пода́рки, откры́тки, чита́ть стихи́.

Ве́чером все вме́сте пое́дут к Хари́м в го́сти. Там го́сти бу́дут петь пе́сни и танцева́ть. Семья́ Хари́м пригото́вила большо́й пра́здничный торт. Хари́м бу́дет зага́дывать жела́ния, и задува́ть све́чи.

Потом Харим и её друзья поедут на пляж и будут устраивать фейерверки.

ВОПОСЫ К ТЕКСТУ

- Когда будет День рождения у Харим? Кто будет на дне рождении? Где будут праздновать день рождения гости? Как будут друзья поздравлять её? В каком ресторане Харим будут отмечать день рождения? Куда гости и Харим поедут потом?

ДАВАЙТЕ ГОВОРИТЬ ПО-РУССКИ

- Когда у Вас будет день рождения?
- Кого Вы пригласите на свой день рождения?
- Расскажите, пожалуйста, как Вы планируете праздновать (куда поедете, что вы будете делать)?

ДИАЛОГ

Харим:	Мария, у тебя завтра есть время?
Мария:	Да, есть.
Харим:	Тогда приходи в ресторан. Завтра у меня день рождения.
Мария:	Да? Во сколько примерно приходить?
Харим:	В два часа дня. Можешь взять с собой сестру. Потом мы поедем ко мне домой. Будем есть торт, пить чай, танцевать, петь песни и играть. Будет весело и интересно. Вечером будет фейерверк на пляже.
Харим:	Заходите, пожалуйста. Это – моя семья. А вот мои друзья. Вы уже всех знаете!

	Добро́ пожа́ловать!
Мари́я:	Здра́вствуйте. Меня́ зову́т Мария, а э́то мой брат, Ю́рий. Спаси́бо за приглаше́ние
	Хари́м, поздравля́ю тебя́ с днем рожде́ния! Вот твой пода́рок ко дню рожде́ния.
Хари́м:	О, спаси́бо! Какой замеча́тельный буке́т!
Мари́я:	Всё о́чень вку́сно!
	А тепе́рь наста́ло вре́мя заду́ть све́чи на то́рте.
	А мы споем поздрави́тельную пе́сню.
	С днем рожде́ния тебя! С днем рожде́ния тебя! Догора́я, поздравля́ем! С днем рожде́ния тебя!

НО́ВЫЕ СЛОВА́

НАРЕЧИЯ					
вме́сте	together	함께	**люби́мый**	favorite	사랑하는
замеча́тельный, великоле́пный	wonderful	멋있는 (멋지다) 훌륭한	**вку́сный**	delicious	맛있는

ГЛАГОЛЫ					
нра́виться	like	마음에 들다	**люби́ть**	love	사랑하다
зажига́ть	light	켜다, 태우다	**петь**	sing	부르다
туши́ть (задува́ть) све́чи	(blow) candle	끄다, 잠그다 (불다)	**Проходи́те, пожа́луйста!**	Come in, please!	어서 오세요

СУЩЕСТВИТЕЛЬНЫЕ		
ве́чер	evening	저녁

вре́мя	time	시간
день рожде́ния	birthday	생일
дом	home	집
за́втра	tomorrow	내일
пе́сня	song	노래
пода́рок	gift	선물
приглаше́ние	invitation	초대
свеча́	candle	촛불
торт	cake	케이크
цве́т	color	색상 (색깔)

НО́ВЫЕ ВЫРАЖЕ́НИЯ:

С днем рожде́ния тебя́!	생일을 축하합니다.
С днем рожде́ния тебя́!	생일을 축하합니다.
Наш люби́мый имени́нник! (Доро́гой (ая) … и́мя)	사랑하는 …의
С днем рожде́ния тебя́!	생일 축하합니다.
У вас есть вре́мя?	당신은 시간이 있습니까?
Да? Пра́вда?	예? 정말요?
Во ско́лько приме́рно	몇 시쯤에
Проходи́те, пожа́луйста!	어서 오세요!
Я мно́го о вас слы́шал.	나는 당신에 대해 많이 들었어요.
Спаси́бо за приглаше́ние.	초대해 주셔서 감사합니다.
поздравля́ть с днем рожде́ния	생일을 축하합니다.

Вам нра́вится?	마음에 드세요?
са́мый люби́мый цвет	제일 좋아하는 색깔
Како́е угоще́ние! Краси́вый стол!	이런 진수성찬이!
приходи́ться по вку́су, нра́виться	(음식이)입에 맞는다.
Угоща́йтесь! Прия́тного аппети́та!	많이 드세요.
О́чень вку́сно!	정말 맛있네요.
зажига́ть све́чи	촛불을 켜다
туши́ть (задува́ть) све́чи	촛불을 끄다
петь пе́сню	노래를 부르다

ДАВАЙТЕ ГОВОРИТЬ ПО-РУ́ССКИ!

- Хари́м, что ты бу́дешь де́лать в понеде́льник? - Я бу́ду занима́ться в университе́те, пото́м бу́ду писа́ть докла́д в библиоте́ке и рабо́тать на компью́тере. - Ве́чером я бу́ду отдыха́ть, писа́ть пи́сьма, бу́ду слу́шать но́вости, смотре́ть телеви́зор. - Каки́е фи́льмы ты лю́бишь смотре́ть? - Я люблю́ детекти́вы. Ве́чером по телеви́зору бу́дет идти́ мой люби́мый фи́льм.	번역

번역	- Кака́я краси́вая фотогра́фия? - Э́то моя́ семья́. - Мари́на, расскажи́, пожа́луйста, о свое́й семье́: об отце́, ма́тери, о своём бра́те. Э́то так интере́сно.
- О чём э́тот рома́н? - Э́тот рома́н о на́шей жи́зни: о добре́ и зле, о любви́ и не́нависти, о ве́рности и преда́тельстве, о самоотве́рженности и наде́жде. - Я чита́ла об э́том рома́не в журна́ле. - Хорошо́, что ты чита́ла о нём. Он есть в библиоте́ке. Он о́чень интере́сный.	번역

ГРАММАТИ́ЧЕСКИЙ КОММЕНТА́РИЙ

The Future Tense. In order to describe events which will take place after moment of speech, the forms of the future tense are used.

If there is no indication that an action will be completed or will have a result, then the so called compound future is used. It is formed by the future tense of the auxiliary verb быть (to be) and the infinitive of the corresponding verb. Only auxiliary verb быть changes for person and number. The main verb has the form of infinitive, i.e. remains unchanged.

БУ́ДУЩЕЕ СЛО́ЖНОЕ ВРЕ́МЯ ГЛАГО́ЛА

Вы́учите спряже́ние глаго́лов.
Learn the conjugation of Russian verb.

동사 **быть**의 변화

быть (будущее время)			
Я	буду делать	МЫ	живём
ТЫ	будешь делать	ВЫ	будете делать
ОН, ОНА, ОНО	будет делать	ОНИ	будут делать

The Prepositional Case (of an object of thought or speech). In order to point out an object (theme, content) of a thought or a conversation, a question о ком? о чём? should be asked, and a noun indicating a person or a subject in question should be used in the prepositional case followed by the preposition о (об if a word begins with a vowel).

Обратите внимание. Pay attention.

КТО? О КОМ?	ЧТО? О ЧЁМ?
об отце	о классе
о дочери	о Корее
о матери	о России
о сыне	о семье

The Prepositional Case for expression of time. If in an answer to the question когда a week is named, a preposition на should be used. The word неделя is used in the prepositional case.

If in an answer to the question когда a month, a year or a century are named, a preposition в with the corresponding word in the prepositional case should be used.

Обратите внимание. Pay attention.

Какой сегодня день? (именительный падеж)	Когда? (винительный падеж)
понедельник	в понедельник
вторник	во вторник
среда	в среду
четверг	в четверг
пятница	в пятницу
суббота	в субботу
воскресенье	в воскресенье

Выучите таблицу. Learn the table.

ПРЕДЛОЖНЫЙ ПАДЕЖ ЛИЧНЫХ МЕСТОИМЕНИЙ

Именительный падеж (кто? что?)	Предложный падеж (о ком? о чём?)
я	обо мне
ты	о тебе
он, оно	о нём
она	о ней
мы	о нас
вы	о вас
они	о них

Анализируйте таблицу

Именительный падеж (кто?)	Предложный падеж (о ком?)	Именительный падеж (что?)	Предложный падеж (о чём?)
брат	о брате	фильм	о фильме
сестра	о сестре	статья	о статье
братья	о братьях	письмо	о письме
сёстры	о сёстрах	книги	о книгах

Обратите внимание. Pay attention!

Запомните, как называются месяцы! Это существительные мужского рода. Memorize the names of the months'! They are masculine nouns.

ЧТО? (ИМЕНИТЕЛЬНЫЙ ПАДЕЖ 1)

зима	весна	лето	осень
декабрь	март	июнь	сентябрь
январь	апрель	июль	октябрь
февраль	май	август	ноябрь

В КАКОМ МЕСЯЦЕ? КОГДА?
(ПРЕДЛОЖНЫЙ ПАДЕЖ 6)

зимой	весной	летом	осенью
дв декабре	в марте	в июне	в сентябре
в январе	в апреле	в июле	в октябре
в феврале	в мае	в августе	в ноябре

Запомните! Memorize!

ВЧЕРА	СЕГОДНЯ	ЗАВТРА
КОГДА?		
На прошлой неделе	На этой неделе	На будущей неделе
В прошлом месяце	В этом месяце	В следующем месяце
В прошлом году	В этом году	В будущем году

УПРАЖНЕ́НИЯ

1. Чита́йте, анализи́руйте.
Read, analyse.

Хари́м студе́нтка. В седу́ющем году́ она́ бу́дет изуча́ть ру́сский язы́к в университе́те, в Росси́и. Она́ у́дет жить в Москве́. Она́ бу́дет учи́ться в Моско́вском Госуда́рственном университе́те и́мени М.В.Ломоно́сова. В кла́ссе студе́нты бу́дут переводи́ть те́ксты, чита́ть интервью́ и де́лать упражне́ния. В общежи́тии Хари́м бу́дет слу́шать ра́дио и смотре́ть фи́льмы. У Хари́м есть подру́га. Её зову́т Мари́я. Она́ ру́сская студе́нтка. Мари́я живёт в Москве́. Она́ изуча́ет коре́йский язы́к в университе́те. Вме́сте они́ бу́дут ходи́ть на вы́ставки, в теа́тры, в кино́, в музе́и и на конце́рты .Мари́я и Хари́м вме́сте бу́дут чита́ть ру́сские кни́ги в библиоте́ке. Мари́я бу́дет рассказывать Харим о богатой культуре, традициях и истории России.

◉ **2. Поставьте глаголы в форму будущего времени.**
   Put the verbs in the future form.

Сейчас урок. Том учится. Он читает русские тексты, переводит и рассказывает их, говорит и пишет по-русски.
  Светлана делает домашнее задание. Она учит новые слова и грамматику, пишет текст, читает диалоги и рассказы. Вечером Света и её сестра слушают радио.

◉ **3. Поставьте глаголы в форму будущего времени.**
   Put the verbs in the future form.

1. Я (готовить) доклад.
2. Сейчас студент (читать) диалог.
3. Преподаватель (рассказывать) о России.
4. Сейчас я (писать) диалог.
5. Завтра профессор (объяснять) грамматику.
6. Ты (изучать) китайский язык?
7. Вечером Мария (смотреть) телевизор, а Луис (писать) письмо.
8. Дома я (делать) домашнее задание.
9. Вы сегодня (слушать) новости?

◉ **4. Напишите текст. Используйте будущее время глагола вместо настоящего.**
   Write the text. Use future tense instead of present.

Сейчас урок. На уроке очень интересно. Сейчас мы читаем текст. Затем преподаватель задаёт вопросы. Студенты отвечают на вопросы. Потом преподаватель читает диалог, а студенты

Говорить по-русски!

повторяют каждое предложение. Преподаватель объясняет грамматику. Мы учим новые слова. Сначала студенты читают слова, потом пишут в тетради.

В конце урока преподаватель проверяет домашнее задание.

5. Скажите, что завтра вы, он, она, они тоже будут делать это.
Say that you, he, she, they will do the same tomorrow.

Образец: Я учу новые слова.
– Завтра я тоже буду учить новые слова.

1. Мира смотрит интересный детектив.
2. Сейчас Светлана делает домашнее задание.
3. Мои друзья смотрят телевизор, читают журналы, слушают радио, пишут письма.
4. Преподаватель задаёт вопросы.
5. Мой друг хорошо читает стихи.
6. Преподаватель проверяет диктант.
7. Харим читает русские диалоги, пишет текст, отвечает на вопросы.
8. Я пишу письма и перевожу диалоги.

6. Ответьте на вопросы. Используйте слова в скобках.
Answer the questions. Use the verbs in brackets.

1. Когда Мария будет писать контрольную работу? (пятница)
2. Когда ты будешь смотреть детектив? (воскресенье)
3. Когда Олег играл в футбол? (суббота)
5. Когда студенты учили диалог? (понедельник)
6. Когда преподаватель будет проверять домашнее задание (четверг)
7. Когда вы будете работать? (вторник)

Русский язык в мире

⭕ **7. Задайте вопросы, что ваши друзья будут делать сегодня, завтра, в понедельник и т. д.**
Ask what your friends will do today, tomorrow, on Monday and so on.

⭕ **8. Прочитайте текст.**
Read the text.

Сегодня у Харим День рождения. Будет много гостей. Вся семья и друзья Харим будут обедать в ресторане. Они будут поздравлять именинницу, читать стихи, петь песни, дарить подарки и играть в игры. Вечером Харим будет задувать свечи на торте и загадывать желания. Потом на пляже друзья будут устраивать фейерверки, будут играть на гитаре и петь песни.

Ответьте на вопросы.
Answer the questions.

Что будет делать Харим сегодня? Что будут делать гости? Где Куда семья Харим будет обедать? Куда гости поедут вечером? Как гости будут поздравлять Харим?

⭕ **9. Задайте вопросы ко всем словам в предложении.**
Ask the questions to every word in the sentence.

1. Харим читает красивый стих.
2. Гости будут устраивать фейёрверки.
3. Наша семья любит смотреть детективы.
4. Светлана любит изучать иностранные языки.

⭕ **10. Прочитайте текст. Проанализируйте новое значение предложного падежа.**
Read the text. Analyze the new meaning of the prepositional case.

Говорить по-русски!

Харим – корейская студентка. Он живёт в Канныне, а её семья живёт в Сеуле. Харим часто пишет письма своей подруге Марине. письма. В письмах он рассказывает о Корее, о культуре, о традициях, о своих друзьях, об университете и о занятиях.

11. Ответьте на вопросы. Используйте слова в скобках.
   Answer the questions. Use the words in brackets.

Образец: О ком часто думает Светлана? Она думает о своей семье?
– Да, она думает о ней.

1. О ком читает Юлия? (А.С.Пушкин).
2. О чём рассказывал профессор? (Россия).
3. О ком беспокоится Мария? (сестра).
4. О чём разговаривают студенты? (фильмы).
5. О чём часто вспоминает Светлана? (Родина).
6. О ком думает Харим? (работа).

12. Ответьте на вопросы. Используйте слова в скобках.
   Answer the questions. Use the words in brackets.

1. О чём говорили студенты вечером? (фильм)
2. О чём думает Дмитрий? (родина)
3. О чём пишет Салех в письме? (университет)
4. О чём рассказывает Денис? (Англия)
5. О чём спрашивала Нина? (экзамены)
6. О чём рассказывал Виктор? (Европа)
7. О чём читал Борис? (Индия)
8. О чём вспоминают студенты? (экскурсия)

13. Закончите предложения. Используйте слова в скобках.

Complete the sentences. Use the words in brackets.

1. Студенты говорили (преподаватель).
2. Юхан часто вспоминает (отец, мать).
3. Марта рассказывала (подруга).
4. Ахмед часто думает (братья и сёстры).
5. Тамара Сергеевна рассказывала (дочь).
6. Джессика много читает (Россия).
7. Декан спрашивал (Анвар).
8. Андрей рассказывал (Япония).

14. Ответьте на вопросы. Используйте слова в скобках.
    Answer the questions. Use the words in brackets.

1. О чём говорили студенты? (литература и музыка)
2. О чём писал Хуан в письме? (Санкт-Петербург)
3. Где учится Антон? (Москва)
4. Что он изучает? (литература и история)
5. Кто не был вчера на вечере? (Марта)
6. О ком говорили преподаватель и студенты? (Марта)
7. Где живут Анвар и Салех? (Россия)
8. О чём они рассказывают? (Россия)

15. Вставьте вместо точек подходящее по смыслу местоимение.
    Insert the pronoun according to the sense.

1. Вчера Курт и Луис смотрели интересный фильм. Вечером они говорили …
2. Родители Андрея живут в Новосибирске. Андрей часто думает …
3. Ты не был вчера на уроке. Преподаватель спрашивал …
4. Это твой друг? Расскажи, пожалуйста, …

Говорить по-русски!

5. Это Владимир. Его сестра живёт в Москве. Владимир часто вспоминает …

6. Это Денис, а это его подруга Нина. Денис часто думает …

7. Вчера мы были на лекции. Ваш друг спрашивал …

16. Ответьте на вопросы. Используйте слова в скобках.
Answer the questions. Use the words in brackets.

1. Когда вы были в Москве? (май, июнь)
2. Когда вы видели этот фильм? (декабрь)
3. Когда у вас будут экзамены? (январь)
4. Когда у вас будут летние каникулы? (июль, август)
5. Когда вы были на Родине? (прошлый год)
6. Когда вы будете учиться в университете? (будущий год)
7. Когда вы начали изучать русский язык? (прошлый год)
8. Когда вы были в Санкт-Петербурге? (этот год)
9. Когда был первый экзамен? (эта неделя)
10. Когда вы были на экскурсии? (прошлая неделя)
11. Когда вы будете работать? (будущая неделя)

17. Напишите предложения в будущем времени.
Write the sentences in the future form.

1. Вечером мы занимались: мы читали текст, учили грамматику, повторяли слова, решали задачи.
2. Вечером Олег отдыхал: слушал музыку, смотрел фильм.
3. Моя сестра изучает французский язык.
4. Мы повторяем новые слова.
5. Сегодня преподаватель объяснял новую грамматику.
6. Вечером мы смотрели новый фильм.

18. Ответьте на вопросы. Используйте в ответах дни недели.

Answer the questions. Use the days of the week in answers.

1. Когда вы будете смотреть новый фильм?
2. Когда вы будете гулять?
3. Когда вы будете отмечать праздник?
4. Когда ваш друг будет переводить текст?
5. Когда вы будете писать письмо домой?
6. Когда ваша подруга учила стихи?
7. Когда вы слушали музыку?
8. Когда вы принимали гостей?
9. Когда ваш русский друг показывал вам город?

19. Закончите предложения, используйте для ответа подчёркнутые слова.
Complete the sentences. Use underlined words.

1. Джон живёт в Париже. Он рассказывает …
2. Андрей живёт в Москве. Он рассказывает …
3. Раньше Кумар жил в деревне. Он вспоминает …
4. Студенты вчера были в театре. Они говорят …
5. Марта была летом в Санкт-Петербурге. Она вспоминает …
6. Кумар был вчера вечером в цирке. Он рассказывает …
7. Наша группа была в воскресенье на экскурсии. Мы рассказывали …
8. Ахмед и Марта были на выставке. Они рассказывают …

20. Закончите предложения. Используйте личные местоимения.
Complete the sentences. Use the personal pronouns.

1. Это твой друг? Ты любишь рассказывать …
2. Это твоя сестра? Ты любишь рассказывать …
3. Это твои друзья? Ты любишь рассказывать …
4. Вас зовут Ахмед? Мой друг часто говорит …

Говорить по-русски!

5. Наташа дома? Мы её друзья. Она, наверное, говорила …

🔶 **21. Закончите предложения, используйте слова в скобках.**
   Complete the sentences. Use the words in brackets.

1. Я знаю, что родители часто вспоминают … (я).
2. Я думаю, что они говорят … (ты).
3. Кумар мой друг, я часто пишу домой и рассказываю … (он).
4. Мария моя школьная подруга, я часто думаю … (она).
5. Я не знаю, о ком они говорят. Я думаю, что они говорят … (мы).
6. Ахмед, вчера на уроке ты интересно рассказывал … (они).

🔶 **22. Переведите на русский язык.**
   Translate the text to Russian language.

1. Mariya, 내일 저녁에 시간 있어요?
2. 네, 있어요.
3. 그럼, 저희 집에 오세요.
4. 내일이 제 생일이에요.
5. 아, 그래요. 몇시 쯤에 갈까요?
6. 저녁 일곱시쯤 오세요.
7. 율랴와 함께 오셔도 좋아요.
8. 자, 어서 오세요.
9. 안녕하세요.
10. 마리아라고 합니다.
11. 초대해 주셔서 감사합니다.
12. 하림씨, 생일 축하해요.
13. 자! 여기 생일 선물이에요.
14. 아, 고맙습니다.
15. 많이 드세요.
16. 정말 맛있네요.

УРОК 15. СКАЖИ́ТЕ, ПОЖА́ЛУЙСТА, СКО́ЛЬКО СТО́ИТ Э́ТОТ КОСТЮ́М.
15 과. 이 양복은 얼마입니까?

В МАГАЗИ́НЕ

Михаи́л о́чень лю́бит занима́ться спо́ртом. Ещё в шко́ле он ча́сто игра́л с друзья́ми в те́ннис. Ка́ждую суббо́ту он ходи́л в бассе́йн и занима́лся пла́ванием. Но са́мый люби́мый вид спо́рта – баскетбо́л. Михаи́л о́чень лю́бит игра́ть в баскетбо́л. Он игра́ет в баскетбо́льной кома́нде в университе́те. Ско́ро начина́ются трениро́вки. Михаи́л с друзья́ми бу́дет тренирова́ться в понеде́льник, в сре́ду и в суббо́ту. Он о́чень устаёт, но ему́ нра́вится его́ стиль жи́зни.

Вчера́ Михаи́л был в магази́не спорти́вных това́ров. Э́то дорого́й магази́н. Там высо́кие це́ны, но и ве́щи хоро́шего ка́чества. Он купил но́вый спорти́вный костю́м, си́ние шо́рты, бе́лую футбо́лку, кроссо́вки и удо́бную спорти́вную су́мку. Михаи́л не лю́бит ходи́ть по магази́нам. Он зна́ет свой разме́р, поэ́тому, он нашёл всё о́чень бы́стро. Спорти́вный стиль ему́ о́чень идёт. Он гото́в к соревнова́ниям и но́вым побе́дам.

ВОПРО́СЫ К ТЕ́КСТУ

- Каки́е ви́ды спо́рта нра́вятся Михаи́лу? Како́й са́мый люби́мый вид спо́рта? Где игра́ет Михаи́л в баскетбо́л? Когда́ у Михаи́ла трениро́вки? В како́м магази́не он был вчера́? Что он купи́л?

ДАВА́ЙТЕ ГОВОРИ́ТЬ ПО-РУ́ССКИ

- Вы лю́бите де́лать поку́пки? В каки́х магази́нах Вы обы́чно покупа́ете ве́щи?
- Каку́ю оде́жду вы купи́ли для себя́ и́ли для свои́х друзе́й? Ско́лько она́ сто́ила и како́го была́ ка́чества?

ДИАЛО́Г

Покупа́тель:	Скажи́те пожа́луйста, ско́лько сто́ит э́тот костю́м?
Продаве́ц:	10,000 рубле́й.
Покупа́тель:	Э́то до́рого!
Продаве́ц:	Нет, не до́рого. Сейча́с ски́дки, поэ́тому цена́ – 10,000 рубле́й. Э́тот костю́м сто́ит 20,000 рубле́й. Хоти́те поме́рить?
Покупа́тель:	Да, коне́чно.
Продаве́ц:	Э́тот костю́м Вам о́чень идёт! Вам о́чень идёт се́рый

Покупатель:	цвет!
Покупатель:	А есть размéр помéньше?
Продавец:	Да, конéчно! Подождите минýточку. Вот, пожáлуйста.
Покупатель:	Спасибо. Да, прáвда, óчень красивый костюм. Я возьмý его. Скажите пожáлуйста, скóлько стóит эта блýзка?
Продавец:	2,000 рублей. Но сейчáс скидки, поэтому цена - 1,500 рублéй.
Покупатель:	Вот кáрточка.
Продавец:	Да, спасибо за покýпку. Приходите еще!
Покупатель:	Обязáтельно! До свидáния.

НÓВЫЕ СЛОВÁ

ПРИЛАГАТЕЛЬНЫЕ 색깔 цвета			
бéлый	흰색	зелёный	초록색
крáсный	빨간색	фиолéтовый	보라색
жёлтый	노란색	коричневый	갈색
синий	파란색	чёрный	검은색

ПРИЛАГАТЕЛЬНЫЕ					
большóй	big	큰(크다)	другóй	another	다른

ГЛАГОЛЫ					
одевáть (одéжду)	to put on	입다	примéривать	to try on	입어 보다

СУЩЕСТВИТЕЛЬНЫЕ					
сда́ча	거스름돈	renting	цена́	가격	price
ски́дки	할인판매	discounts	высо́кий	높은	high
пра́вда	사실, 진실	true	ни́зкий	낮은	low
ка́рточка	카드	card	разме́р	사이즈	size
приме́рочная	탈의실	dressing room	цвет	색깔	color
поку́пка	구입	purchase	ка́чество	품질	quality

СУЩЕСТВИТЕЛЬНЫЕ 겉옷 верхняя одежда			
сви́тер	스웨터	ю́бка	스커트
пальто́	코트	брю́ки	바지
костю́м	정장	блу́зка	블라우스
шо́рты	반바지	футбо́лка	티셔츠
пла́вательный костю́м	수영복	пиджа́к	쟈켓
плащ	비옷	руба́шка	셔츠

НОВЫЕ ВЫРАЖЕНИЯ:

СКАЖИ́ТЕ ПОЖАЛУЙСТА, СКО́ЛЬКО ЭТО СТО́ИТ?	이것이 얼마인지 말씀해 주세요?
Добро́ пожа́ловать!	환영합니다.
Чем могу́ быть Вам поле́зен?	당신에게 무엇이 좋을 까요?
Ско́лько сто́ит э́та руба́шка?	이 셔츠는 얼마입니까?
Де́сять ты́сяч вон.	만 원입니다.
Како́й у вас разме́р?	사이즈가 어떻게 되시죠?

Да́йте, пожа́луйста, са́мый большо́й разме́р.	제일 큰 사이즈로 주세요.
У меня́ S.	S(작은) 사이즈예요
Подожди́те мину́точку!	잠깐만 기다려 주세요.
Вот, пожа́луйста.	네. 여기 있습니다.
Мо́жно приме́рить?	입어봐도 되나요?
Да. Вон там е́сть приме́рочная	네. 저쪽에 탈의실이 있습니다.
А друго́го цве́та у вас нет?	다른 색깔은 없습니까?
Зде́сь о́чень высо́кие це́ны!	여기에 있는것은 가격이 매우 비쌉니다!
Зде́сь о́чень ни́зкие це́ны!	여기에 있는 것은 가격이 매우 저렴합니다!
Сего́дня распрода́жа, поэ́тому це́ны ни́зкие.	오늘은 세일을 해서 가격이 저렴합니다.

ДАВАЙТЕ ГОВОРИТЬ ПО-РУССКИ!

- Здра́вствуйте! - До́брый день? - Покажи́те, пожа́луйста, э́то пла́тье. - Како́е, вот это се́рое? - Нет, фиоле́товое. - Мину́точку… Вот, пожа́луйста - Скажи́те, ско́лько оно́ сто́ит? - 4 000 рубле́й. - Скажи́те пожа́луйста, где приме́рочная? - Вот она́.	번역

번역	- Здравствуйте! - Добро пожаловать? - Покажите, пожалуйста эти перчатки. - Минуточку… Вот, пожалуйста. - Скажите пожалуйста, сколько они стоят? - 500 рублей. - Да, недорого. - Я возьму эти перчатки. - Спасибо за покупку! Приходите ещё!
- Здравствуйте! - Добро пожаловать? - Покажите, пожалуйста этот свитер. - Какой, вот этот белый? - Нет, вот этот, чёрный. - Минуточку… Вот, пожалуйста. - Сколько он стоит? - 7 000 рублей. - Очень дорого!	번역
- Этот магазин очень дорогой! - Да, правда! Здесь высокие цены и высокое качество товаров.	

ГРАММАТИЧЕСКИЙ КОММЕНТАРИЙ

It very suite for you!	It is suite for you!	It is not suite for you!
	Вам идёт.	Вам не идёт.

КОМУ? FOR WHOM?						
Я	ТЫ	МЫ	ВЫ	ОН	ОНА	ОНИ
МНЕ	ТЕБЕ	НАМ	ВАМ	ЕМУ	ЕЁ	ИМ

size	Какой у Вас размер?	S,M,L,XL, XXL
	What is your size?	S,M,L,XL, XXL
	На размер больше.	На размер меньше.
	More bigger size	More smaller size

This ЭТОТ ЭТА ЭТО ЭТИ	ОН М.р.	ОНА Ж.р.	ОНО С.р.	Они
	ЭТОТ	ЭТА	ЭТО	ЭТИ
	шарф	шапка	пальто	Часы
	스카프	모자	코트	시계

Скидки! Распродажа SALE!!! ПОЭТОМУ	Сегодня скидки. Сейчас распродажа.
	오늘 세일입니다 / 지금세일입니다
	ПОЭ́ТОМУ 그래서
	Сего́дня распрода́жа, поэ́тому це́ны ни́зкие.
	오늘은 세일을 해서 가격이 낮습니다.

Сего́дня у нас ски́дки.	Поэ́тому это пла́тье сто́ит 1000 рубле́й.
오늘은 세일하는 날입니다	그래서, 이 드레스는…
Сейча́с у нас ски́дки.	Поэ́тому этот свитер стоит 600 рублей.

Говорить по–русски!

지금 우리는 세일을 합니다.	그래서, 이 스웨터는…

- Скажи́те, пожа́луйста, ско́лько сто́ит молоко́?
- 60 рубле́й. (Шестьдеся́т рубле́й).

РУБЛЬ	РУБЛЯ́			РУБЛЕ́Й					
rubles									
1	2	3	4	5	6	7	8	9	10
				11	12	13	14	15	16
				17	18	19	20		
21	22	23	24	25	26	27	28	29	30
31	32	33	34	35	36	37	38	39	40
41	42	43	44	45	46	47	48	49	50
51	52	53	54	55	56	57	58	59	60
61	62	63	64	65	66	67	68	69	70
71	72	73	74	75	76	77	78	79	80
81	82	83	84	85	86	87	88	89	90
91	92	93	94	95	96	97	98	99	100

РУБЛЬ	РУБЛЯ́			РУБЛЕ́Й					
1	2	3	4	5	6	7	8	9	10
11	12	13	14	15	16	17	18	19	20
21	22	23	24	25	26	27	28	29	30
31	32	33	34	35	36	37	38	39	40
41	42	43	44	45	46	47	48	49	50
51	52	53	54	55	56	57	58	59	60
61	62	63	64	65	66	67	68	69	70
71	72	73	74	75	76	77	78	79	80

81	82	83	84	85	86	87	88	89	90
91	92	93	94	95	96	97	98	99	

ЧИСЛИ́ТЕЛЬНЫЕ NUMERALS

РУБЛЕ́Й, ДО́ЛЛАРОВ, ВОН						
\multicolumn{7}{c}{Rubles, Dollars, Won}						
один	1	оди́ннадцать	11			сто	100
два	2	двена́дцать	12	два́дцать	20	две́сти	200
три	3	трина́дцать	13	три́дцать	30	три́ста	300
четы́ре	4	четы́рнадцать	14	со́рок	40	четы́реста	400
пять	5	пятна́дцать	15	пятьдеся́т	50	пятьсо́т	500
шесть	6	шестна́дцать	16	шестьдеся́т	60	шестьсо́т	600
семь	7	семна́дцать	17	се́мьдесят	70	семьсо́т	700
во́семь	8	восемна́дцать	18	во́семьдесят	80	восемьсо́т	800
де́вять	9	девятна́дцать	19	девяно́сто	90	девятьсо́т	900
де́сять	10						

РУБЛЕЙ, ДОЛЛАРОВ, ВОН					
ты́сяча	1000	сто ты́сяч	100000	один миллио́н	1000000
две ты́сячи	2000	две́сти ты́сяч	200000	два миллио́на	2000000
три ты́сячи	3000	три́ста ты́сяч	300000	три миллио́на	3000000
четы́ре ты́сячи	4000	четы́реста ты́сяч	400000	четы́ре миллио́на	4000000

пять тысяч	5000	пятьсот тысяч	500000	пять миллионов	5000000
шесть тысяч	6000	шестьсот тысяч	600000	шесть миллионов	6000000
семь тысяч	7000	семьсот тысяч	700000	семь миллионов	7000000
восемь тысяч	8000	восемьсот тысяч	800000	восемь миллионов	8000000
девять тысяч	9000	девятьсот тысяч	900000	девять миллионов	9000000

УПРАЖНЕ́НИЯ

➲ Впишите пропущенные слова, используя корректную форму (эта, это, этот, эти). Напишите ответы на вопросы. Образец: Сколько стоит эта ручка? Эта ручка стоит десять рулей.
Сколько стоит … рубашка? Сколько стоит … юбка? Сколько стоит … сумка? Сколько стоит … блуза? Сколько стоит … сумка? Сколько стоит … компьютер? Сколько стоит … ноутбук? Сколько стоит … свитер? Сколько стоит … пальто? Сколько стоит … перчатки? Сколько стоит … брюки? Сколько стоит … туфли? Сколько стоит … пальто? Сколько стоит … шарф?

Проанализируйте таблицу.

Дорого Expensive Дёшево Cheap 비싼/ 싼	ОН М.р.	ОНА Ж.р.	ОНО С.р.	Они
	Дорогой Дешёвый	Дорогая Дешёвая	Дорогое Дешёвое	Дорогие Дешёвые
	шарф	шап**к**а	паль**то**	час**ы**
	스카프	모자	코트	시계

➲ Составьте диалоги по образцу.

Образец:
- Покажите, пожалуйста, эту серую шапку. Сколько она стоит?
- Она стоит семь тысяч рублей.
- Это очень дорого.

Синий свитер, чёрные перчатки, коричневый шарф, замшевые сапоги, красное пальто, серое платье, белый костюм, фиолетовая рубашка, зелёная юбка, белая блуза, чёрные брюки, серый галстук, жёлтые босоножки, коричневые ботинки, кожаные туфли, белые кроссовки.

Говорить по-русски!

⭕ Сформулируйте вопросы и ответы: утвердительные и отрицательные.

Образец: (платье, цена: 29,000 рублей \ цена:700 рублей) Это дорого́е пла́тье?

Цена: 29,000 руб.

- Да, оно очень дорого́е. Оно сто́ит двадцать девять тысяч рублей
- Здесь очень высо́кие цены!

Цена: 700 руб.

- Нет, оно недорогое. Оно стоит семьсот рублей.
- Здесь о́чень ни́зкие цены!

1. джинсы Цена: 15,000 руб. Цена: 700 руб.	2. юбка Цена: 5,000 руб. Цена: 600 руб.	3. галстук Цена: 700 руб. Цена: 300 руб.	4. пальто Цена: 25,000 руб. Цена: 3,000 руб.

⭕ Составьте предложения, обосновав, почему сегодня низкие цены.

Образец: Сейчас у нас скидки, поэтому этот плащ стоит три тысячи рублей.

Футболка, 200 руб.; Туфли, 700 руб.; шапка, 500 руб.; сапоги, 900 руб.; камера, 5,000 руб.; телевизор, 20,000 руб.; компьютер, 15,000 рублей; блуза, 1,000 рублей; перчатки, 200 руб.

⭕ Придумайте диалог с другом на тему покупок. Представьте, что Вы продавец. Спросите у своего друга, знает ли он свой размер? Запишите диалог в тетрадь.

Образец: Вы зна́ете свой разме́р? Да, знаю – S . Подождите мину́точку! Вот, пожалуйста. Простите, принесите на размер больше, пожалуйста.

◉ Сформулируйте вопрос и ответы, как утвердительный, так и отрицательный.

Образец: Мне идёт этот цвет? - Да, Вам идёт этот цвет. - Нет, Вам не идёт этот цвет.

Ей \ блуза, ему \ свитер, вам \ платье, мне \ шуба, ей \ свитер, ему \ джинсы, ей \ сапоги.

◉ Переведите предложения на русский язык.
Translate these sentences on Russian language.

어서 오세요. 무엇을 도와 드릴까요? 이 셔츠는 얼마죠? 만 원이에요.
사이즈가 어떻게 되시죠? 제일 큰 사이즈로 주세요. 네. 여기 있습니다.
입어봐도 되나요? 네. 저쪽에 탈의실이 있어요.
다른 색깔은 없습니까? 파란색과 자주색이 있어요. 파란색으로 주세요.

УРОК 16. КАК ВЫ СЕБЯ ЧУ́ВСТВУЕТЕ?
16 과. 당신의 건강은 어떻습니까?

Мари́на заболе́ла.

Мари́на - моя́ лу́чшая подру́га. Мы студе́нтки. Мы у́чимся на одно́м факульте́те и вме́сте изуча́ем англи́йский язы́к. Мы о́чень лю́бим зи́мние кани́кулы. Мы отдыха́ем, ката́емся на лы́жах, на санка́х и на конька́х. Мари́на лю́бит ката́ться на сноубо́рде. В пя́тницу и в суббо́ту мы бы́ли на горнолы́жном куро́рте. Снача́ла пого́да была́ я́сная и со́лнечная, и хотя́ дул си́льный ве́тер мы хорошо́ отдохну́ли и до́лго ката́лись на лы́жах. В воскресе́нье ве́чером у Мари́ны заболе́ла голова́, подняла́сь температу́ра и заболе́ло го́рло.

В понеде́льник у Мари́ны начался́ си́льный ка́шель, ста́ло

трудно дышать. Мы вызвали врача. Он спросил у Марины: «Как вы себя чувствуете?». Марина ответила, что у неё озноб, кашель и очень болит горло. Врач осмотрел Марину, измерил давление и температуру. У Марины была высокая температура – 38,1. Врач сказал Марине: «Вы больны. У вас грипп. Вам нельзя ходить в университет, вам нужно лежать, принимать лекарство и пить горячий чай с мёдом и лимоном».

Ещё врач сказал, что через неделю Марине нужно прийти в поликлинику. Врач написал рецепт и сказал, что лекарство можно купить в аптеке. Я приготовила Марине чай с лимоном и пошла в аптеку. Я купила лекарство и быстро вернулась домой. Я дала Марине лекарство, поправила подушку, и через двадцать минут она уснула.

Марина болела целую неделю, но ей не было скучно. Я рассказывала о занятиях, об университете, мы вместе занимались и делали домашнее задание. Мы учились и отдыхали вместе.

ВОПРОСЫ К ТЕКСТУ

❖ Как зовут мою лучшую подругу? Как она чувствовала себя в воскресенье? Куда мы ездили? Как Марина заболела? Что сказал Марине врач? Сколько болела Марина? Когда Марина болела, ей было грустно и скучно? (Почему?)

ДАВАЙТЕ ГОВОРИТЬ ПО-РУССКИ

❖ Расскажите о своём лучшем друге? Как его зовут? Какое у него хобби?
❖ Расскажите о том, как болел Ваш друг? Что говорил ему врач? Вы помогали другу, поддерживали его?

ДИАЛО́Г
В ПОЛИКЛИ́НИКЕ

Уже́ че́рез неде́лю Мари́на чу́вствовала себя́ лу́чше. У неё не поднима́лась температу́ра, но ещё был ка́шель. Она́ пришла́ в поликли́нику, как ей посове́товал врач.

Ра́но у́тром Мари́на позвони́ла в поликли́нику, что́бы записа́ться на приём к врачу́.

Медсестра́:	Алло́! Регистрату́ра, слу́шаю Вас?
Мари́на:	Здра́вствуйте. Я бы хоте́ла записа́ться на приём к врачу́-терапе́вту. Он принима́ет сего́дня?
Медсестра́:	Да, он принима́ет сего́дня с восьми́ утра́ до двух часо́в дня. Есть тало́н на двена́дцать часо́в.
Мари́на:	Хорошо́, спаси́бо. Мне подхо́дит.
Медсестра́:	Ва́ша фами́лия, и́мя, о́тчество?
Мари́на:	Ивано́ва Мари́на Серге́евна.
Медсестра́:	Да́та рожде́ния?
Мари́на:	18 апре́ля 1990 го́да.
Медсестра́:	Хорошо́ приходи́те за 10 мину́т до нача́ла приёма в регистрату́ру и возьми́те тало́н. Принеси́те па́спорт и медици́нский по́лис.
Мари́на:	Хорошо́, спаси́бо!

НÓВЫЕ СЛОВÁ

ГЛАГОЛЫ			
как слéдует отдохнýть	푹 쉬다	имéть повы́шенную температýру	열이 나다
болéть	아프다	залóжен нос	코가 막히다
ломи́ть, ныть	쑤시다	чрезмéрный, дéлать что-ли́бо чрез си́лу, перенапрягáться	무리하다
попáсть под дождь	비를 맞다	широкó открывáть (рот)	크게 벌리다
		испы́тывать чрезмéрные нагрýзки,	과로하다
восхождéние в гóры	등산	в послéднее врéмя, недáвно	최근에

СУЩЕСТВИТЕЛЬНЫЕ			
простýда	감기	головнáя боль	두통
невралги́я	신경통	бронхи́т	기관지염
рвóта	구토	зубнáя боль	치통
рак	암	несварéние желýдка	소화불량
рак желýдка	위암	бóли в желýдке или в животé	복통
рак пéчени	간암	воспалéние	염증
рак лёгких	폐암	воспалéние лёгких	폐렴

СУЩЕСТВИТЕЛЬНЫЕ			
больни́ца	병원	медсестра́	간호사
врач	의사	переутомле́ние	몸살
всё те́ло	온몸	процеду́рный кабине́т	주사실
ка́шель	기침	реце́пт	처방전
мокро́та	가래	апте́ка	약국
ве́рхняя оде́жда	웃옷, 겉옷	побли́зости	근처
просту́да	감기	пе́ред	앞

СУЩЕСТВИТЕЛЬНЫЕ			
лёгкие	폐	голова́	머리
по́чки	신장	глаза́	눈
се́рдце	심장	нос	코
грудь	가슴	у́ши	귀
желу́док	위	лицо́	얼굴
пе́чень	간	рот	입
нога́	발	го́рло	목
па́льцы ног	발가락	па́лец	손가락
нога́	다리	рука́ (от ки́сти до плеча́)	팔
рука́ (кисть)	손	пле́чи	어깨

НО́ВЫЕ ВЫРАЖЕ́НИЯ:

	У меня жар, и все тело ломит.
	열이 나고 온몸이 쑤셔요.
На что жалу́етесь?	У меня несильный кашель и заложен нос.
어디가 아파서 오셨어요?	기침도 좀 나고 코가 막혀요.
У вас просту́да и переутомле́ние.	감기 몸살이에요.
Приподними́те ве́рхнюю оде́жду.	웃옷 좀 올려 보세요
Вам ну́жно избега́ть нагру́зок и хорошо́ отдохну́ть.	무리하지 말고 푹 쉬셔야 돼요.
Пройди́те вме́сте с медсестро́й в процеду́рный кабинет.	자, 간호사를 따라 주사실로 가세요.
Возьмите реце́пт и идите в апте́ку.	이 처방전을 가지고 약국으로 가세요.
Откро́йте рот, и скажите «а».	자, 아 하고 입 좀 벌려 보세요.

ДАВА́ЙТЕ ГОВОРИ́ТЬ ПО-РУ́ССКИ!

- Что с тобой, Марина? Ты очень плохо выглядишь. - У меня очень болит живот, не знаю, что делать. - Тебе надо принять лекарство. - Нет, без врача нельзя. Надо вызвать «Скорую помощь»	번역
번역	- Алло́! Регистрату́ра, слу́шаю Вас? - Здра́вствуйте. Я бы хоте́ла записа́ться на прим к врачу́-хиру́ргу. Он принима́ет сего́дня? - Нет, он будет принима́ть завтра с восьми́ утра́ до двух часо́в дня. Есть тало́н на де́сять часо́в. - Хорошо́, спаси́бо. Мне подхо́дит. - Ва́ша фами́лия, и́мя, о́тчество? Да́та рожде́ния? - Хорошо́, приходи́те за 15 мину́т до нача́ла прие́ма в регистрату́ру и возьми́те тало́н. Не забу́дьте па́спорт и медици́нский по́лис. - Хорошо́, спаси́бо!

ГРАММАТИЧЕСКИЙ КОММЕНТАРИЙ

ДАТЕЛЬНЫЙ ПАДЕЖ ИМЁН СУЩЕСТВИТЕЛЬНЫХ

The Dative Case. In order to name an object or a person to whom information or an action or a subject is addressed, the question **кому / чему** should be posed and a noun should be used in the dative case.

A noun in the dative case may be an addressee of not only speech or concrete action, but of feeling, state or perception.

Выучите таблицу. Learn the table.

Род и число	Именительный падеж (кто? что?)	Дательный падеж (кому? чему?)	Окончания
Мужской род	студент театр преподаватель словарь Алексей музей	студенту театру преподавателю словарю Алексею музею	-у -у -ю -ю -ю -ю
Женский род	студентка комната Таня деревня Мария аудитория площадь	студентке комнате Тане деревне Марии аудитории площади	-е -е -е -е -и -и -и

Средний род	окно море здание	окну морю зданию	-у -ю -ю
Множественное число	студенты театры преподаватели музеи комнаты деревни окна моря	студентам театрам преподавателям музеям комнатам деревням окнам морям	-ам -ам -ям -ям -ам -ям -ам -ям

Обратите внимание!

Кто?	кому?
Мать	матери
Дочь	дочери
Отец	отцу
Друзья	друзьям

ДАТЕЛЬНЫЙ ПАДЕЖ ЛИЧНЫХ МЕСТОИМЕНИЙ

Кто?	Кому Антон дал книгу?		К кому он пришёл?	
я	Антон дал книгу	мне	Он пришёл	ко мне
ты он она мы вы они	Антон дал книгу	тебе ему ей нам вам им	Он пришёл	к тебе к нему к ней к нам к вам к ним

10. Обратите внимание.
Pay attention.

Давать / дать		дать продавцу
Дарить / подарить		дарить подруге
Покупать / купить		покупать сестре
Приносить / принести		приносить другу
Посылать / послать		посылать матери
Помогать / помочь		помогать отцу
Показывать / показать		показывать дочери
Мешать / помешать		мешать брату
Говорить / сказать		говорить декану
Объяснять / объяснить	КОМУ?	объяснять студентам
Отвечать / ответить		отвечать преподавателю
Писать / написать		писать родителям
Рассказывать / рассказать		рассказывать друзьям
Сообщать / сообщить		сообщать родителям
Звонить / позвонить		звонить маме
Советовать / посоветовать		советовать другу
Обещать / пообещать		обещать подруге
Верить / поверить		верить людям
Завидовать / позавидовать		завидовать студентке
Предлагать / предложить		предлагать другу

Expressing a good or a bad attitude towards somebody or something a verb **нравиться** or **не нравиться** and a pronoun or a noun in the dative case should be used.

In order to express necessity motivated by a subject's personal needs or to stress the necessity of a certain action, the impersonal construction with the word **нужно/надо** is used. A logical subject in this case is used in the dative.

The impersonal construction with the word **можно** is used to express a possibility of performing an action, and of getting a permission, a possibility should depend on the outer circumstances.

Verb **мочь means** physical possibility of an action. Adverb **можно** means permission for performing an action.

The impersonal construction with the word **нельзя** is used to express prohibition.

2. Обратите внимание. Pay attention.

Антон **должен (должен был, должен будет)** пойти в библиотеку.
Нина **должна (должна была, должна будет)** перевести статью.
Антон и Нина **должны (должны были, должны будут)** выучить стихи.

А) чувствовать себя (как?)
Вчера Курт много занимался. Он устал и вечером плохо себя чувствовал.

чувствовать себя, I	
я чувствую себя	мы чувствуем себя
ты чувствуешь себя	вы чувствуете себя
он, она чувствует себя	они чувствуют себя

Б) болеть / заболеть, I

Антон плохо себя чувствует. Он **заболел**. Наверное, у него грипп.

болеть, I	
я болею	мы болеем
ты болеешь	вы болеете
он, она болеет	они болеют

В) болеть, II

У меня **болит** горло (рука, нога, живот). У меня **болят** зубы, глаза.

болеть, II	
он (она, оно) болит	они болят

여격 변화는 대체로 "내가 목적이 있어서 누구에게 어떤 것을 준다"라는 의미를 가지고 있다. 그리고 의미는 "~에게"이며, 누구에게 어떤 것을 했기 때문에 영향을 준다. 영어로는 for를 의미한다. 아래에서 여격 변화의 예를 들자면,

남성명사인 경우

-y를 맨 끝에 붙여준다. 그리고 어미가 -й인 경우에는 -й를 -ю로 바꿔준다(예; брат(브랏(형, 남동생, 오빠)) - брату(브라뚜(형, 남동생, 오빠에게))

여성명사인 경우

a를 -e로 바꿔준다(예(스뚜젠뜨까(여학생)) - студентке(스뚜젠뜨께(여학생에게) 중성명사인 경우 -o를 -y로 바꿔준다(예; дело(질라(일)) - делу(질루(일에게)이다. 여기서도 보면 어미가 -й일때의 남성명사 변화를 제외한 남성명사변화과, 중성명사변화를 볼 때 어미가 -y로 변하는 것을 볼 수 있다. 하지만 여기서도 차이가 있다. 예를 들자면, 남성명사는 -й를 제외하고는 맨끝에 -y를 붙인다. 하지만 중성명사는 어미가 -o일때 -y로 바꿔준다는 점에선 차이가 있다.

중성명사인 경우

-o를 -y로 바꿔준다(예; дело(질라(일)) - делу(질루(일에게)이다. 여기서도 보면 어미가 -й일때의 남성명사 변화를 제외한 남성명사변화과, 중성명사변화를 볼 때 어미가 -y로 변하

는 것을 볼 수 있다. 하지만 여기서도 차이가 있다. 예를 들자면, 남성명사는 -й를 제외하고는 맨끝에 -у를 붙인다. 하지만 중성명사는 어미가 -о일때 -у로 바꿔준다는 점에선 차이가 있다.

여격 변화 형태

아래의 여격 변화에서도 동사가 필요하지만, 여기서는 간단히 언급하기로 한다. Я звони́л бра́ту. (야 즈보닐 브라뚜) 나는 형에게 전화했다. 원형: брат(형, 남동생, 오빠) Я купи́л зо́нтик дру́гу.(야 꾸삘 존찍 드루구) 나는 친구에게 우산을 사줬다. 원형:друг(친구) Я помога́ю студе́нтке.(야 뻐마가유 스뚜젠뜨께) 나는 여학생에게 도움을 주었다. 원형:студе́нтка(여학생) Я пока́зывал ма́ме пода́рок. (야 뻐까즤발 마메 빠다럭) 나는 엄마에게 선물을 보여주었다. 원형:мама́(엄마). 러시아어에선 여격변화가 "~에게"라는 의미로 풀이됩니다. 그리고 이 경우 영어식으로 표현하면 for you라는 의미가 된다.

УПРАЖНЕНИЯ

1. Вста́вьте слова́ год, го́да, лет.
Insert the words год, года, лет.

Ни́не 19 … Са́ше 26 … Ива́ну Ива́новичу 56 … Воло́де 31 … Анто́ну 24 … Ната́ше 32 … Еле́не Ива́новне 51 …

2. Отве́тьте на вопро́сы.

1. Кому́ ма́ма подари́ла руба́шку? 2. Кому́ ваш друг сове́тует не опа́здывать? 3. Кому́ ба́бушка посла́ла письмо́? 4. Кому́ де́ти помеша́ли отдыха́ть? 5. Кому́ дека́н разреши́л сдать экза́мен досро́чно?

3. Раскро́йте ско́бки и измени́те фо́рму местоиме́ний.
Open the brackets and change the form of pronouns.

1. Я написа́л (они́) письмо́. 2. Мой друг присла́л (я) откры́тку. 3.

Бранита прочитала (он) статью. 4. Мира не забыл купить (мы) тетради и ручки. 5. Харим рассказал (она) о своей семье. 6. Марина будет долго говорить (вы) о своей проблеме. 7. Я дам (ты) русско-английский словарь.

⮕ **4. Напишите предложения по образцу.**
  Write the sentences according to the model.

Образец: – Мира любит этот город.
   – Да, я знаю, что Мире нравится этот город.

1. Мария любит цветы. 2. Сергей любит футбол. 3. Мы любим старые фильмы. 4. Они никогда не любили современную музыку. 5. Я думаю, Света не любит это место. 6. Андрей любит биологию. 7. Алексей любит мороженое.

⮕ **5. Ответьте на вопросы.**
  Answer the questions.

1. Вам нравятся детективы? 2. Ему понравился подарок Анны? 3. Алексею нравится его новая комната? 4. Елене понравились эти цветы? 5. Тебе понравился этот спектакль? 6. Александру понравилась экскурсия?

⮕ **6. Вставьте вместо точек глаголы болеть и чувствовать себя.**
  Insert the verbs болеть и чувствовать себя.

1. Я слышал, что ваша сестра … Как она … 2. Вы хорошо … в самолёте? 3. Мой друг … У него … горло. 4. Что у вас …? – У меня … голова. 5. Почему вы не были в среду на занятиях? – Я … 6. Когда Антон …, он лежал в больнице. 7. Татьяна долго …, но сейчас она хорошо … 8. Что у тебя … ?

Говорить по-русски!

● **7. Задайте вопросы.**
   Ask the questions.

**Образец: Алексей дал другу книгу.
– Кому Алексей дал книгу?**

1. Каждый месяц Антон пишет письма матери, отцу и брату. 2. Джон послал другу телеграмму. 3. Андрей сказал врачу, что чувствует себя хорошо. 4. Виктор подарил братьям диски. 5. Ахмед объяснил преподавателю, почему он не был вчера на занятиях. 6. Сергей позвонил Елене и пригласил её в театр. 7. Друзья посоветовали Мире учиться в медицинском университете. 8. Денис купил маме цветы.

● **8. Ответьте на вопросы. Используйте слова в скобках.**
   Answer the questions. Use the words in brackets.

1. Кому Елена показала фотографии? (подруга) 2. Кому студенты рассказали о фильме? (профессор) 3. Кому преподаватель объяснил правило? (студенты) 4. Кому вы звонили сегодня вечером? (сын) 5. Кому Дмитрий написал письмо? (родители) 6. Кому Наташа дала свой адрес? (Виктору) 7. Кому Ирина Сергеевна послала письмо? (мужу) 8. Кому Виктор послал поздравления (родители и друзья)? 9. Кому Ахмед помог решить задачу? (друг) 10. Кому Андрей сообщил, что завтра будет собрание? (Игорь и Лидия) 11. Кому Николай рассказал об экскурсии? (братья) 12. Кому студенты будут отвечать на экзамене? (профессор) 13. Кому Мария дала диск? (Марта) 14. Кому Мария Васильевна купила книги? (дети)

9. **Поставьте в соответствующую форму слова, данные в скобках.**
   Insert the appropriate forms of the words given in brackets.

1. Отец посоветовал (сын) много заниматься. 2. Сын обещал (отец) хорошо учиться. 3. Кевин часто помогает (товарищи) 4. Антон, не мешай (брат) заниматься. 5. Ольга купила книгу (сестра). 6. Виктор решил сегодня написать письмо (друг). 7. Михаил Васильевич рассказывал (сын и дочь) о Москве. 8. Ты звонил по телефону (друзья)? 9. Студенты показали газету (преподаватель). 10. Денис помог (товарищ) решить эту задачу. 11. Отец обещал (сосед) купить журнал в киоске. 12. Антон попросил меня передать привет (Таня).

10. **Поставьте в соответствующую форму слова, данные в скобках.**
    Insert the appropriate forms of the words given in brackets.

Образец: Мать подарила (сын, книга)
Мать подарила сыну книгу.

1. Антон купил (Елена, цветы). 2. Учитель объяснил (ученики, ошибки). 3. Дети подарили (мать, духи). 4. Профессор читал (лекция, студенты). 5. Марина послала (Игорь, телеграмма). 6. Художник показал (школьники, новые картины). 7. Виктор принёс (словарь, друг).

11. **Напишите глагол *нравиться* в соответствующей форме.**
    Write the verb *нравиться* in the appropriate form.

1. Мне … зимний лес. 2. Мне … парки Москвы. 3. Моему другу … Петербург. 4. Марии … площадь Пушкина. 5. Антону … исторические фильмы. 5. Виктору … спортивные передачи. Моя мать преподаватель. Мне тоже … эта профессия.

Говорить по-русски!

7. Вставьте вместо точек глаголы болеть и чувствовать себя.
Insert the verbs болеть и чувствовать себя.

1. Я слышал, что ваша сестра … Как она … 2. Вы хорошо … в самолёте? 3. Мой друг … У него … горло. 4. Что у вас …? – У меня … голова. 5. Почему вы не были в среду на занятиях? – Я … 6. Когда Антон …, он лежал в больнице. 7. Татьяна долго …, но сейчас она хорошо … 8. Что у тебя … ?

11. Задайте вопросы.
Ask the questions.

Образец: Алексей дал другу книгу.
– Кому Алексей дал книгу?

1. Каждый месяц Антон пишет письма матери, отцу и брату. 2. Джон послал другу телеграмму. 3. Кумар сказал врачу, что чувствует себя хорошо. 4. Виктор подарил братьям диски. 5. Ахмед объяснил преподавателю, почему он не был вчера на занятиях. 6. Сергей позвонил Наташе и пригласил её в театр. 7. Друзья посоветовали Раджешу учиться в Ставропольской медицинской академии. 8. Денис купил Нине цветы.

12. Ответьте на вопросы. Используйте слова в скобках.
Answer the questions. Use the words in brackets.

1. Кому Елена показала фотографии? (подруга) 2. Кому студенты рассказали о фильме? (преподаватель) 3. Кому преподаватель объяснил задачу? (студенты) 4. Кому вы звонили сегодня вечером? (подруга) 5. Кому Дмитрий написал письмо? (отец и мать) 6. Кому Наташа дала свой адрес? (Олег) 7. Кому Ирина Сергеевна послала телеграмму? (сын и его жена) 8. Кому Виктор послал поздравления

(родители и друзья)? 9. Кому Ахмед помог решить задачу? (друг) 10. Кому Андрей сообщил, что завтра будет собрание? (Игорь и Лидия) 11. Кому Николай рассказал об экскурсии? (братья) 12. Кому студенты будут отвечать на экзамене? (профессор) 13. Кому Мария дала диск? (Марта) 14. Кому Мария Васильевна купила книги? (дети)

⭕ **13. Поставьте в соответствующую форму слова, данные в скобках.**
   Insert the appropriate forms of the words given in brackets.

1. Отец посоветовал (сын) много заниматься. 2. Сын обещал (отец) хорошо учиться. 3. Кевин часто помогает (товарищи) 4. Антон, не мешай (брат) заниматься. 5. Ольга купила книгу (сестра). 6. Виктор решил сегодня написать письмо (друг). 7. Михаил Васильевич рассказывал (сын и дочь) о Москве. 8. Ты звонил по телефону (друзья)? 9. Студенты показали газету (преподаватель). 10. Денис помог (товарищ) решить эту задачу. 11. Отец обещал (сосед) купить журнал в киоске. 12. Антон попросил меня передать привет (Таня).

⭕ **14. Поставьте в соответствующую форму слова, данные в скобках.**
   Insert the appropriate forms of the words given in brackets.

Образец: Мать подарила (сын, книга)
   Мать подарила сыну книгу.

1. Антон купил (Елена, цветы). 2. Учитель объяснил (ученики, ошибки). 3. Дети подарили (мать, духи). 4. Профессор читал (лекция, студенты). 5. Марина послала (Игорь, телеграмма). 6. Художник показал (школьники, новые картины). 7. Виктор принёс (словарь, друг).

Говорить по-русски!

● **16. Закончите предложения.**
Complete the sentences.

1. Нина купила (что? кому?). 2. Николай дал (что? кому?) 3. Студенты рассказали (кому? о чём?) 4. Олег и Виктор показали (что? кому?) 5. Мой друг написал (что? кому?) 6. Алексей прочитал (что? кому?) 7. Преподаватель объяснил (что? кому?) 8. Антон подарил (что? кому?). 9. Мария послала (что? кому?) 10. Олег принёс (что? кому?)

● **19. Прочитайте текст. Проанализируйте новые слова.**
Read the text. Analyze the new words.

– Недавно я прочитал книгу «А. С. Пушкина "Евгений Онегин"». Эта книга мне очень **понравилась**.
– Мне тоже **понравилась** эта книга.

Что вам нравится?   Что им понравилось?

Мне нравится этот журнал.   Кумару **понравилась** экскурсия.

Мне нравятся эти журналы.   Марии **понравился** этот фильм.

кому? (д.п.) что? (им.п.)	кому?	что?
Антону нравится Каннын.	Ему	понрави**л**ся Сеул

● **20. Напишите глагол нравиться в соответствующей форме.**
Write the verb нравиться in the appropriate form.

1. Мне … зимний лес. 2. Мне … парки Москвы. 3. Моему другу … петербург. 4. Марии … площадь Пушкина. 5. Антону … исторические фильмы. 6. Виктору … спортивные передачи. Моя мать преподаватель. 7. Мне тоже … эта профессия.

4. Ответьте на вопросы. Answer the questions.

1. Кому мама подарила рубашку? 2. Кому ваш друг советует не опаздывать? 3. Кому бабушка послала письмо? 4. Кому дети помешали отдыхать? 5. Кому прОфЕссор разрешил сдать экзамен?

5. Раскройте скобки и измените форму местоимений. Open the brackets and change the form of pronouns.

1. Я написал (они) письмо. 2. Мой друг прислал (я) открытку. 3. Индира прочитала (он) статью. 4. Абхишек не забыл купить (мы) тетради и ручки. 5. Саид рассказал (она) о своей семье. 6. Марина будет долго говорить (вы) о своей проблеме. 7. Я дам (ты) ру́сско-английский словарь.

6. Напишите предложения по образцу. Write the sentences according to the model.

Образец: – Мира любит этот город.
            – Да, я знаю, что Мире нравится этот город.

1. Мария любит цветы. 2. Антон любит футбол. 3. Мы любим старые фильмы. 4. Они никогда не любили современную музыку. 5. Я думаю, Нина не любит это место. 6. Сергей любит биологию. 7. Саша любит мороженое.

7. Ответьте на вопросы. Answer the questions.

1. Вам нравятся детективы? 2. Ему понравился подарок Анны? 3. Алексею нравится его новая комната? 4. Марии понравились эти цветы? 5. Тебе понравился этот спектакль? 6. Максу понравилась экскурсия?

Говорить по-русски!

◯ **12. Обратите внимание.**
   Pay attention.

	Весело	Детям было сегодня весело на празднике.
	Грустно	Мне сегодня грустно.
	Легко	Ивану легко учиться.
	Трудно	Джону трудно читать по́-русски.
	Интересно	Студентам интересно слушать лекцию.
	Скучно	Сестре скучно.
	Жарко	Мне жарко.
КОМУ?	Холодно	Марине холодно.
	Стыдно	Вам не стыдно?
	Обидно	Мне обидно.
	Видно	Мне ничего не видно.
	Слышно	Вам хорошо слышно?
	Можно	Мне можно взять этот журнал?
	Нельзя	Алексею нельзя курить.
	Нужно	Антону нужно много заниматься.

◯ **13. Переведите предложения на русский язык.**
   Translate these sentences to Russian language.

어디가 아파서 오셨어요? 열이 나고 온몸이 쑤셔요.

기침이나 가래는 없어요? 기침도 좀 나고 코가 막혀요. 자, 아 하고 입 좀 벌려 보세요. 옷 옷 좀 올려 보세요. 감기 몸살이에요. 무리하지 말고 푹 쉬셔야 돼요. 자, 간호사를 따라 주사실로 가세요. 이 처방전을 가지고 약국으로 가세요. 네, 감사합니다.

이 근처에 약국이 있나요? 네, 병원 앞 상가 건물 1층에 있어요.

УРОК 17. ПОГОВОРИ́М О СТОМАТОЛО́ГИИ.
17 과. 치과에 대해 이야기합시다.

Не́которые стоматологи́ческие те́рмины 일부 치과 용어

Аденти́я Отсу́тствие зубо́в. Различа́ют врождённую перви́чную и приобретённую втори́чную. По коли́честву отсу́тствующих зубо́в мо́жет бы́ть части́чной и по́лной. Но́рма 32 постоя́нных зу́ба.

Adentia The absence of teeth. Distinguish between innate and acquired a secondary primary. By the number of missing teeth can be partial or full.

Adentia 치아의 부재. 선천적인 것과 후천적인 것을 구분한다. 결손치의 숫자는 부분적 또는 전체일 수 있다. 표준 32개 영구치.

Анекдо́т. 일화.
Плака́ты на сте́нах кли́ники 치과 병원 벽의 포스터

 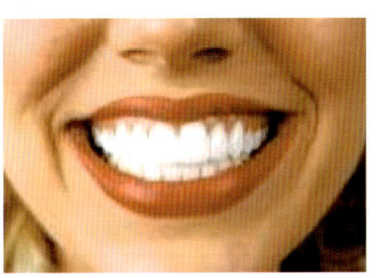 

У аку́лы 1500 зубо́в.	У челове́ка – 32 зу́ба	У па́нды – 24 зу́ба
상어 1,500개 이빨	인간 32개 치아	팬더 24개 이빨
Пацие́нт прихо́дит в у́жас: Я – па́нда? 환자는 겁에 질려있다 : 나는 – 팬더?			
Что Вы мо́жете сказа́ть своему́ пацие́нту?			

Говорить по-русски!

Беседы стоматолога и пациента.
치과 의사와 환자 간의 대화

Скажите, доктор   의사선생님, 말씀해주세요

Я работаю стоматологом. Каждый день ко мне приходят пациенты. Они хотят иметь здоровые и красивые зубы.

Диалог первый	О страхе и боли
첫 번째 대화	두려움과 고통에 대해서
Доктор, как побороть страх перед лечением?	
의사선생님, 치료의 두려움을 어떻게 극복하나요?	

Давайте посмотрим, почему вы боитесь? 당신이 왜 두려운지 살펴봅시다.
Когда вы идете к стоматологу, что вы думаете (по данным опроса):

1. Будет очень больно. Анестезия не будет действовать.
2. У меня может быть аллергия на анестезирующие средства.
3. Сам по себе укол тоже очень болезненный.
4. Игла очень большого диаметра и тупая.
5. От укола некрасиво раздует щеку, и так далее.

치과에 갈 때, 당신은 무엇을 생각하나요? (설문 조사에 따르면):
 1. 매우 아플 거예요. 마취가 되지 않을 거예요.
 2. 나에게 마취 알레르기가 있을 수 있어요.
 3. 주사만으로도 매우 고통스러워요.
 4. 직경이 매우 크고 둔한 바늘
 5. 주사 때문에 부운 추한 볼, 등등ажнения У

Согласен, доктор, примерно такие мысли у меня в голове, когда я иду к Вам на прием.
맞아요, 의사선생님. 당신과 진료를 예약했을 때 이런 생각이 제 머리 속에 있어요.

А теперь я попробую доказать, что это не так.
그리고 이제 나는 그것이 아니라는 것을 증명하기 위해 노력할 것이다.

Сейчас 21-век. 지금은 21세기에요. **А вот как лечили зубы наши предки.**
그리고 여기에 우리의 선조들이 어떻게 치아를 치료했는지가 있어요.

Болит зуб – удалять. Анестезии не было.
치통이 있으면 발치했어요. 마취는 하지 않았어요.

Дантист. Jan Steen (1626–1679)

1948년 Waldo Hanchett이 치과 의자(Dental Chair)를 특허내었다.
Dental Office (1850년):
관개와 타구, 드릴이 있다.

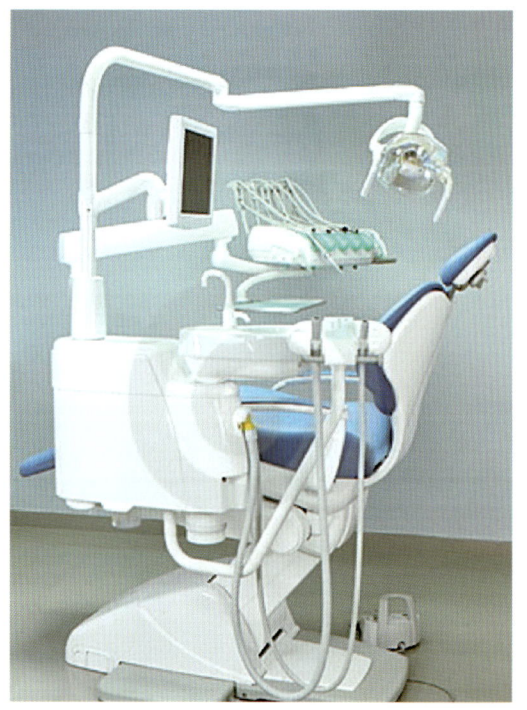

Современное стоматологическое кресло (Dental Chair). 현대 치과 의자 (Dental Chair)

- Высокоскоростные турбины и алмазный сверлящий инструмент позволяют обрабатывать зуб легкими прикосновениями, что не вызывает болевых ощущений.
  빠른 속도의 터빈과 다이아몬드 보링 도구들을 이용하며 치아를 통증을 일으키지 않는 가벼운 터치로 치료한다.

- Сегодня дантисты располагают множеством как самих методов обезболивания, так и анестезирующих средств.
  오늘날 치과 의사들은 마취와 마취제 기술을 모두 갖추었다.

- Уже практически не используется новокаин и его производные, вызывавшие аллергические реакции.
  이미 대부분이 알레르기 반응을 유도하는 노보카인과 이것의 파생물을 절대 사용하지 않는다.

- Сейчас используется Ультракаин.
  요즘은 울트라카인을 사용한다.

- Супертонкие карпульные иглы превращают саму инъекцию в

безболезненную процедуру.
아주 얇은 바늘을 이용한 주사로 통증이 없다.

- Когда пойдете к стоматологу – помните, что ваш доктор – специалист высокого класса, он работает на самом современном оборудовании, использует новейшие технологии и методы.
치과에 갈 때 – 당신의 의사를 기억하세요 – 고급의 전문의인지, 그는 고급의 장비들을 다루고, 최신의 기술과 기법을 사용한다.

Это мой кабин**е**т. 이것이 나의 사무실이다.

Он больш**о**й и св**е**тлый. 사무실은 크고 밝다.

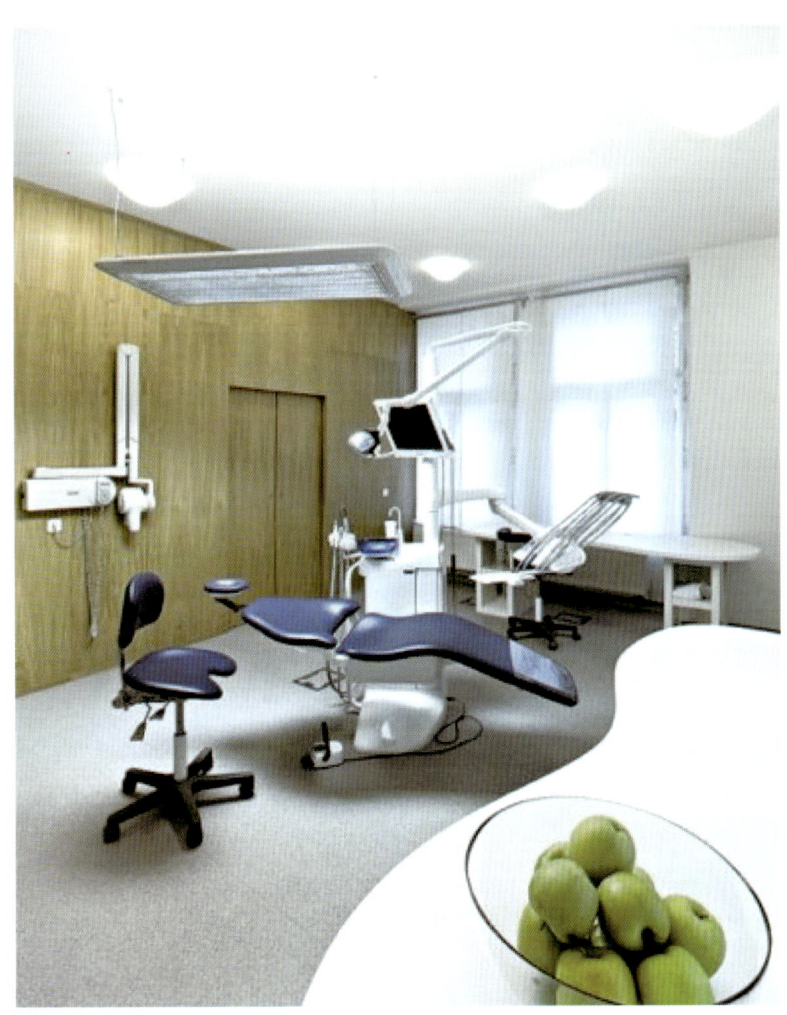

Об**о**р**у**дование с**а**мое совр**е**менное. 가장 현대적인 장비이다.

Говорить по–русски!

Специалисты нашей стоматологической клиники оказывают все виды стоматологических услуг.

우리 병원의 전문의들은 모든 종류의 치과 서비스를 제공하고 있다.

Некоторые стоматологические термины   치과 용어

Анестезия	Снятие болевых ощущений до необходимого минимума. Анестезия инфильтрационная блокирует нервный импульс, передающий сигнал о ее возникновении в головной мозг. Анестетик, попадая в ткани, на время лишает нерв способности менять свой электрический потенциал, а следовательно и проводить.
마취	필요한 최소한의 고통 제거. 침윤마취는 뇌로부터 기원한 신호 전달의 신경 자극을 차단한다. 마취제는 신경이 전위 변화의 능력을 허용하지 않을 때 조직으로 들어가 수행한다.
Ультракаин	Современный анестетик. Препарат на основе Артикаина. Ультракаин не вызывает Аллергических реакций.
Ультракаин	현대 마취. 마취약은 아티카인에 기반을 둔다. 울트라카인은 알레르기 반응을 일으키지 않는다. (울트라카인 : 아티카인 + 에피네프린)
Карпульные шприцы и иглы	Карпульный шприц представляет собой металлический или пластмассовый инструмент, в который помещается одноразовая карпула с анестетиком и навинчивается одноразовая игла. Таким образом, система карпула-игла является подобием одноразового шприца, имея ряд преимуществ перед ним: • более тонкая игла • плавный ход поршня в карпуле • гарантия от попадания посторонних веществ в анестетик • более надежное, резьбовое крепление иглы. Все это позволяет сделать инъекцию максимально безболезненной

СЛОВАРЬ. СЕМАНТИКО – ТЕМАТИЧЕСКИЕ ГРУППЫ.

❖	1	Человек 사람
❖	2	Части тела 신체의 부분
❖	3	Семья 가족
❖	4	Виды спорта 스포츠
❖	5	Дом 집, квартира 아파트, комната 방, мебель 가구
❖	6	Ванная комната 욕실
❖	7	Стол 테이블, кухонные принадлежности 주방용품
❖	8	Одежда 의류
❖	9	Еда 음식
❖	10	Чтение и письменные принадлежности 읽기 · 쓰기용품
❖	11	Город 도시
❖	12	Природа 자연
❖	13	Домашние животные 애완동물
❖	14	Городской транспорт 도시의 교통수단
❖	15	Время суток 하루
❖	16	Месяцы 월
❖	17	Дни недели 일주일
❖	18	Числительные 수
❖	19	Название Болезней 병명

Челове́к Human being, 인간		
же́нщина	woman	여자
мужчи́на	man	남자
молодо́й челове́к	young man	젊은 사람

де́вушка	girl (in her late teens)	소녀
ма́льчик	boy	소년
де́вочка	girl (small)	소녀

Семья́ Family, 가족		
жена́	아내	wife
му́ж	남편	husband
Ма́ть, ма́ма	어머니, 엄마	mother
Оте́ц, па́па	아버지, 아빠	father
дочь	딸	daughter
сын	아들	son
сестра́	자매	sister
бра́т	형제	brother
роди́тели	부모	parents
де́душка	할아버지	grandfather
ба́бушка	할머니	grandmother
вну́к	손자	grandson
вну́чка	손녀	granddaughter

Ч а́сти те́ла Parts of the body 신체의 명칭		
голова́	head	머리
лоб	forehead	이마
лицо́	face	얼굴
глаз	eye	눈
нос	nose	코
во́лосы	hair	머리카락
зуб	tooth	치아

гу́бы	lips	입술
у́хо	ear	귀
рука́	hand	손
па́лец	finger	손가락
нога́	leg, foot	다리

Ви́ды спо́рта Sports, 스포츠		
хокке́й	hockey	하키
футбо́л	football	축구
те́ннис	tennis	테니스
волейбо́л	volleyball	배구
баскетбо́л	basketball	농구
гольф	golf	골프

Дом, кварти́ра, ко́мната, ме́бель. House, Apartment, Room, Furniture, 주택, 아파트, 방, 가구		
дом	집	home
кварти́ра	아파트	apartment
балко́н	발코니	balcony
коридо́р	복도	corridor
кабине́т	서재	cabinet
туале́т	화장실	WC
ва́нная	욕실	bathroom
ку́хня	부엌	kitchen
столо́вая	식당	dining room
спа́льня	침실	bedroom
потоло́к	천장	ceiling
пол	마루바닥	floor

стена́	벽	wall
окно́	창문	window
дверь	문	door

Ме́бель, прдме́ты бы́та Household Utensils, 가정용 기구		
стол	책상, 식탁	table
стул	의자	chair
кре́сло	안락의자	chair
дива́н	소파	sofa
крова́ть	침대	bed
шкаф	옷장	cabinet
по́лка	선반	shelf
ла́мпа	램프	lamp
телеви́зор	TV	TV
ра́дио	라디오	radio
телефо́н	전화기	phone
буди́льник	자명종	alarm clock
часы́	시계	watch
су́мка	가방	bag
чемода́н	여행가방, 트렁크	suitcase
зонт	우산	umbrella
одея́ло	이불	blanket
поду́шка	베개	pillow
ковёр	카페트	carpet
зе́ркало	거울	mirror
што́ра	커튼	Blinds

жалюзи́	햇빛을가리는 차일, 블라인드	jalousie

Ва́нная ко́мната Bathroom, 욕실		
полоте́нце	수건	towel
зубна́я щётка	칫솔	toothbrush
мы́ло	비누	soap

Стол и ку́хня Table and Kitchenware, 테이블과 주방		
ви́лка	포크	fork
нож	칼	knife
сковорода́	프라이팬	pan
кастрю́ля	냄비	casserole
стака́н	유리컵	glass
ча́шка	찻잔	cup
блю́дце	받침접시	saucer
таре́лка	접시	dish
ло́жка	숟가락	spoon
ча́йник	차주전자	kettle
салфе́тка	냅킨	napkin
ска́терть	식탁보	tablecloth
стол	테이블	table

Оде́жда Clothes, 의류		
пальто́	외투	coat
пла́щ	우비	cloak
пла́тье	원피스	dress
костю́м	양복	costume
руба́шка	와이셔츠	shirt

ю́бка	스커트	skirt
блу́зка	블라우스	blouse
брю́ки	바지	pants
ша́пка	모자	cap
шля́па	중절모자, 차양이 있는 모자	hat
перча́тки	장갑	gloves
носки́	양말	socks
га́лстук	넥타이	tie
босоно́жки	샌들	sandals
боти́нки	구두, 신사화	shoes
сапоги́	부츠 (장화)	boots
ту́фли	구두	shoes
кроссо́вки	운동화	sneakers

Еда́ Food, 음식		
соль	소금	salt
мя́со	고기	meat
ма́сло	기름	oil
молоко́	우유	milk
сок	쥬스	juice
колбаса́	소시지	sausage
сыр	치즈	cheese
яйцо́	달걀	egg
ры́ба	생선	fish
карто́фель	감자	potatoes
лук	양파	onion
огурцы́	오이	cucumbers

морко́вь	당근	carrots
свёкла	빨간무	beetroot
помидо́р	토마토	tomato
капу́ста	양배추	cabbage
апельси́н	오렌지	orange
я́блоко	사과	apple
виногра́д	포도	grapes
конфе́ты	사탕	candy
пиро́жные	과자	cakes
чай	차	tea
са́хар	설탕	sugar
ко́фе	커피	coffee
торт	케이크	cake
бу́лочки	흰빵	buns

Чте́ние и пи́сьменные принадле́жности Reading and Writing 읽기와 쓰기		
кни́га	책	book
газе́та	신문	newspaper
уче́бник	교과서	textbook
журна́л	잡지	journal
слова́рь	사전	dictionary
бума́га	종이	paper
конве́рт	봉투	envelope
письмо́	편지	letter
ру́чка	펜	pen
каранда́ш	연필	pencil

ма́рка	우표	mark
откры́тка	엽서	postcard
телегра́мма	전보	telegram
тетра́дь	공책	notebook

Го́род City, 시		
у́лица	거리	street
дом	집	home
зда́ние	건물	building
пло́щадь	광장	area
рестора́н	레스토랑	restaurant
кафе́	카페	cafe
гости́ница	호텔	hotel
кинотеа́тр	영화관	cinema
музе́й	박물관	museum
теа́тр	극장	theatre
цирк	서커스	circus
университе́т	대학교	university
институ́т	전문대학, 단과대학	institute
шко́ла	학교	school
суперма́ркет	슈퍼마켓	supermarket
по́чта	우체국	mail
стадио́н	경기장	stadium
ры́нок	시장	market
мост	다리	bridge
парк	공원	park
заво́д	공장	plant

фа́брика	공장	factory

Приро́да Nature, 자연		
со́лнце	햇빛	sun
луна́	달	moon
не́бо	하늘	sky
дере́вня	시골	village
сад	정원	garden
лес	숲	forest
по́ле	들	field
река́	강	river
де́рево	나무	tree
цвето́к	꽃	flower

Дома́шние живо́тные Animals, 동물		
пти́ца	새	bird
ко́шка	고양이	cat
соба́ка	개	dog
коро́ва	암소	cow
ло́шадь	말	horse
ку́рица	닭	chicken

Городско́й тра́нспорт City Transport, 도시 교통		
трамва́й	전차	tram
метро́	지하철	subway
тролле́йбус	무궤도 전차, 트롤리 버스	trolleybus
авто́бус	버스	bus
такси́	택시	taxi

маши́на	자동차	car

Вре́мя су́ток, времена года Time, Seasons, 시즌		
у́тро	아침	morning
день	낮	day
ве́чер	저녁	evening
ночь	밤	night
зима́	겨울	winter
весна́	봄	spring
ле́то	여름	summer
о́сень	가을	autumn

Ме́сяцы Months, 월		
Янва́рь	1월	January
Февра́ль	2월	February
Ма́рт	3월	March
Апре́ль	4월	April
Май	5월	May
Ию́нь	6월	June
Ию́ль	7월	July
А́вгуст	8월	August
Сентя́брь	9월	September
Октя́брь	10월	October
Ноя́брь	11월	November
Дека́брь	12월	December

Дни недéли Days of the Week, 요일		
Понедéльник	월요일	Monday
Втóрник	화요일	Tuesday
Средá	수요일	Wednesday
Четвéрг	목요일	Thursday
Пя́тница	금요일	Friday
Суббóта	토요일	Saturday
Воскресéнье	일요일	Sunday

Числи́тельные Numerals, 수사		
1	Оди́н	One
2	Двá	Two
3	Три	Three
4	Четы́ре	Four
5	Пять	Five
6	Шесть	Six
7	Семь	Seven
8	Вóсемь	Eight
9	Дéвять	Nine
10	Дéсять	Ten
11	Оди́ннадцать	Eleven
12	Двенáдцать	Twelve
13	Тринáдцать	Thirteen
14	Четы́рнадцать	Fourteen
15	Пятнáдцать	Fifteen
16	Шестнáдцать	Sixteen
17	Семнáдцать	Seventeen

18	Восемна́дцать	Eighteen
19	Девятнадца́ть	Nineteen
20	Два́дцать	Twenty
21	Два́дцать оди́н	Twenty-one
22	Два́дцать два́	Twenty-two
23	Два́дцать три́	Twenty-three
24	Два́дцать четы́ре	Twenty-four
25	Два́дцать пять	Twenty-five
26	Два́дцать шесть	Twenty-six
27	Два́дцать семь	Twenty-seven
28	Два́дцать во́семь	Twenty-eight
29	Два́дцать де́вять	Twenty-nine
30	Три́дцать	Thirty
40	Со́рок	Forty
50	Пятьдеся́т	Fifty
60	Шестьдеся́т	Sixty-
70	Се́мьдесят	Seventy
80	Во́семьдесят	Eighty
90	Девяно́сто	Ninety
100	Сто	Hundred
200	Две́сти	Two hundred
300	Три́ста	Three hundred
400	Четы́реста	Four hundred
500	Пятьсо́т	Five hundred
600	Шестьсо́т	Six hundred
700	Семьсо́т	Seven hundred

800	Восемьсо́т	Eight hundred
900	Девятьсо́т	Nine hundred
1000	Одна́ ты́сяча	One thousand

Название болезней	
Абсце́сс	abscess
Алкоголи́зм	alcoholism
Аллерги́я	allergy
Анги́на	quinsy
Аневри́зма	aneurism, aneurysm
Анеми́я	anaemia
Анорекси́я	anorexia
Аппендици́т	appendicitis
Аритми́я	arrhythmia
Артри́т	arthritis
Астигмати́зм	astigmatism
А́стма	asthma
Атеросклеро́з	atherosclerosis
Атрофи́я	atrophy
Аути́зм	autism
Беспло́дие	infertility
Бессо́нница	insomnia
Беше́нство	rabies
Близору́кость	myopia
Борода́вки	warts
Ботули́зм	botulism
Бронхи́т	bronchitis

Варико́з	varix, varicosity
Ветря́нка	chicken pox
Гаймори́т	antritis
Гангре́на	gangrene
Гастри́т	gastritis
Гемато́ма	haematoma
Гемофили́я	haemophilia
Гепати́т	hepatitis
Ге́рпес	herpes
Гипертони́я	hypertension
Глауко́ма	glaucoma
Грипп	flu; influenza
Гры́жа	rupture; hernia
Дальнозо́ркость	long sight
Дальтони́зм	colourblindness; daltonism
Дермати́т	dermatitis
Диабе́т	diabetes
Диаре́я	diarrhea
Дисбактерио́з	disbacteriosis
Дистрофи́я	dystrophy
Желту́ха	jaundice, icterus
Заика́ние	stammer(ing), stutter(ing)
Зоб	goitre, wen
Зуд	itch
Инсу́льт	stroke, apoplexy

Инфа́ркт миока́рда	myocardial [cardiac] infarction
Ишемия́	isch(a)emia
Ка́риес	caries
Катара́кта	cataract
Ка́шель	cough
Киста́	cyst
Кли́макс	menopause
Ко́клюш	hooping cough
Ко́лика	colic
Коли́т	colitis
Конъюнкти́вит	conjunctivitis
Корь	measles
Косогла́зие	squint, cast in the eye; strabismus
Крапи́вница	nettle rash
Красну́ха	German measles
Ларинги́т	laryngitis
Лейко́з	leukaemia
Лимфоста́з	lymphostasis
Лихора́дка	fever
Маляри́я	malaria
Мела́но́ма	melanoma
Менинги́т	meningitis
Мигре́нь	migraine
Нары́в	abscess, boil
На́сморк	cold; rhinitis

Невралги́я	neuralgia
Невро́з	neurosis
Нейродерми́т	neurodermatitis
Нефри́т	nephritis
Облысе́ние	alopecia
О́бморок	syncope
Ожире́ние	obesity
Ожо́г	burn
О́пухоль	swelling; tumour
О́спа	smallpox
Остеопоро́з	osteoporosis
Остеохондро́з	Intervertebral Osteochondrosis, Degenerated Disc Disease, Herniated Disc, Bulged Disc
Отёк	(o)edema
Оти́т	otitis
Отмороже́ние	frostbite, congelation
Панкреати́т	pancreatitis
Парали́ч	paralysis, palsy
Пародонто́з	parodontosis, amphodontosis
Перело́м	fracture
Переохлажде́ние	exposure
Пиелонефри́т	pyelonephritis
Пневмони́я	pneumonia

Пода́гра	gout; podagra
Полиомиели́т	poliomyelitis; polio
Потни́ца	miliaria, heat rash, prickly heat
Про́лежни	bedsore
Радикули́т	radiculitis
Рак	cancer
Рахи́т	rachitis, rickets
Ревмати́зм	rheumatism; rheumatics
Рини́т	rhinitis
Се́псис	septicaemia, sepsis
Скарлати́на	scarlet fever, scarlatina
Склеро́з	sclerosis
Сколио́з	scoliosis
Стенокарди́я	stenocardia
Столбня́к	tetanus
Тахикарди́я	tachycardia
Тонзилли́т	tonsillitis
Тромбо́з	thrombosis
Туберкулёз	tuberculosis, T.B.
Уши́б	injury
Фаринги́т	pharyngitis
Фибро́з	fibrosis
Флегмо́на	phlegmon

Флюс	dental abscess, gumboil
Цирро́з	cirrhosis
Цисти́т	cystitis
Шок	shock
Экзе́ма	eczema
Я́зва	ulcer; sore
Ячме́нь	sty(e)